KB117904

음악이 멈춘 순간
진짜 음악이 시작된다

〔일러두기〕

이 책은 필자의 『음악 속의 철학』, 『철학 속의 음악』(심설당, 2009)을 토대로 압축 · 보완 · 수정하여 새롭게 집필하였다. 주요 인용 부분은 각주로 제시하였고, 그 외에 기존 책에서 기재된 부분의 세부적인 인용은 생략하였다. 상세한 설명은 위의 두 책을 참고하기 바란다.

음악이 멈춘 순간 진짜 음악이 시작된다

서가명강 19

플라톤부터 BTS까지, 음악 이면에 담긴 철학 세계

오희숙 지음

서울대학교
작곡과(이론전공) 교수

21세기북스

이 책을 읽기 전에 학문의 분류

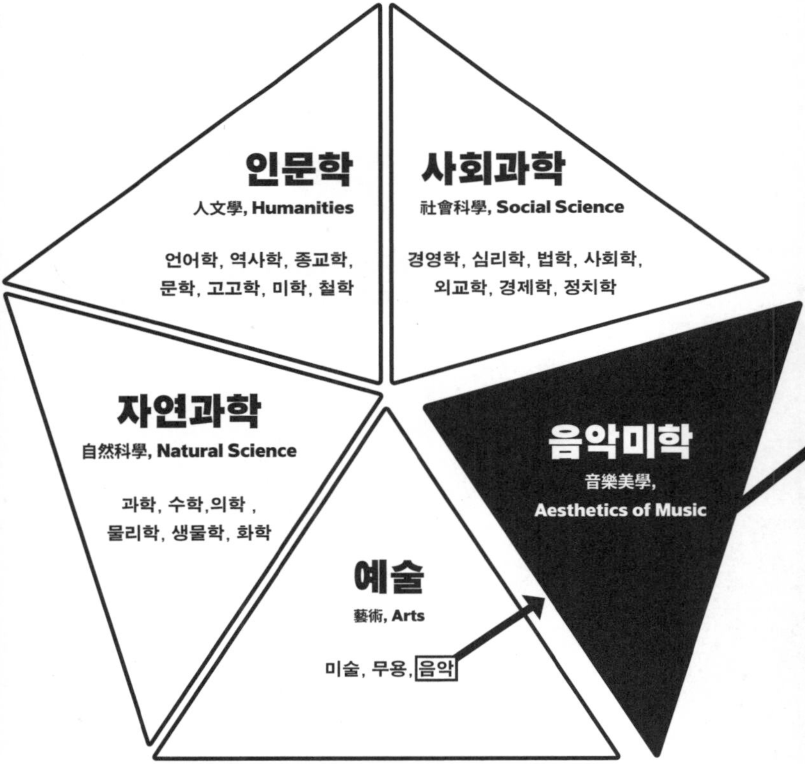

인문학
人文學, Humanities

언어학, 역사학, 종교학,
문학, 고고학, 미학, 철학

사회과학
社會科學, Social Science

경영학, 심리학, 법학, 사회학,
외교학, 경제학, 정치학

자연과학
自然科學, Natural Science

과학, 수학,의학 ,
물리학, 생물학, 화학

예술
藝術, Arts

미술, 무용, 음악

음악미학
音樂美學,
Aesthetics of Music

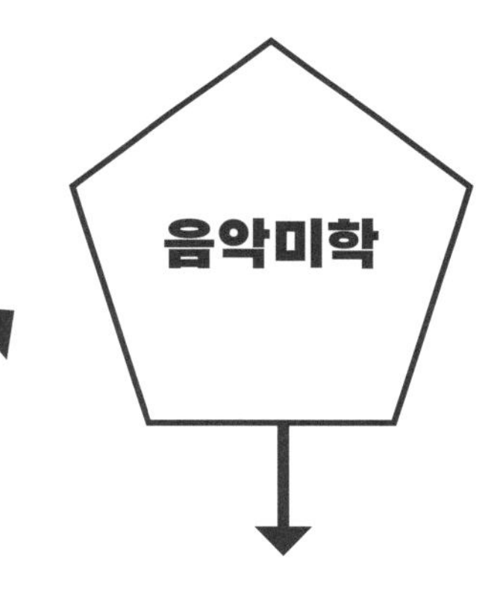

음악미학이란?

音樂美學, Aesthetics of Music

음악미학은 철학의 한 분야인 '미학'과 음악을 학문적으로 연구하는 '음악학'이 만나는 분야이다. '음악적 아름다움이란 무엇일까?', '음악이란 무엇인가?', '음악 작품의 예술적 가치는 어떤 근거로 평가할 수 있는가' 등의 문제를 중심으로 연구한다. 음악미학은 음악에 대한 철학적 성찰을 시도한다는 점에서 '음악철학'이라 불리기도 한다. '음악미학'이 구체적인 음악작품의 시각에서 음악적 아름다움과 가치를 연구하는 방향을 보인다면, '음악철학'은 철학적 시각을 음악에 적용시키는 방향을 보인다.

이 책을 읽기 전에 주요 키워드

모방미학(Aesthetics of Imitation)

예술의 본질을 특정한 대상의 모방에 있다고 보는 이론이다. 플라톤과 아리스토텔레스를 통해 토대가 구축되었다. 음악에서 모방의 대상은 자연, 인간의 감정, 사회 현실이 된다. 음악이 인간의 구체적인 감정을 모방한다는 바로크 시대의 감정이론(Affektenlehre)은 당대 음악의 창작과 연주에 큰 영향을 미쳤다.

표제음악(Program Music)

문학이나 철학, 회화 등 음악외적 내용을 작품에 표현하려는 기악 음악을 지칭한다. 베를리오즈의 〈환상교향곡〉 같은 표제 교향곡과 리스트의 〈햄릿〉과 〈프로메테우스〉와 같은 교향시가 대표적이다.

감정미학(Aesthetics of Feeling)

음악의 본질을 감정의 표현으로 보는 이론이다. 바로크 시대에는 구체적인 감정표현에 주력하였다면, 19세기 낭만주의 시대에는 추상적인 감정을 표현하는 형용불가능성을 중시하였다. 현대에서는 감정을 인지하고 환기한다는 측면에서 계속 중요한 미학이론으로 영향을 미치고 있다.

아도르노(Theodor W. Adorno, 1903-1969)

프랑크푸르트 학파의 철학자로서 음악에 대한 큰 관심을 보이며, [신음악의 철학]에서 현대음악의 철학적 정당성을 피력하였다. 심미적 사유를 통한 진리 구현이 음악을 통해 가능하다고 보면서 음악의 철학적 의미를 높이 평가하였다.

소나타(Sonata)

기악음악의 형식으로 독주곡, 실내악곡, 교향곡의 형식적 토대를 이룬다. 3-4악장으로 구성되었고, 제1악장은 제시부-발전부-재현부로 구성된 소나타 알레그로 형식을 보인다.

니체(Friedrich Nietzsche, 1844-1900)

예술과 음악에 대한 큰 관심을 가진 철학자로, 『비극의 탄생』, 『바그너의 경우』 등에서 음악의 형이상학적 의미를 높이 평가하였다. 바그너와의 친밀한 우정을 쌓으면서 음악적 사상을 전개하였다.

절대음악(Absolute Music)

19세기 나타난 개념으로 어떤 의도나 목적과 기능에서 해방되고, 텍스트의 표현에도 얽매이지 않는 순수한 기악음악을 지칭한다. 브람스와 한슬릭에 의해 옹호받았다

음악적 리얼리즘(Musical Realism)

예술이 사회적 현실을 표현해야 한다고 보는 리얼리즘 미학이 음악에 적용된 이론이다. 음악학자 달하우스는 19세기 음악의 한 경향으로 음악적 리얼리즘을 논했다.

음악적 포스트모더니즘(Musical Postmodernism)

독창성을 중시한 현대 모더니즘에서 벗어나, 전통과의 새로운 모색을 시도한 음악경향이다. 음악적 다양성과 청중과의 소통, 음악의 내면성 등을 중요시했다. 슈니트케, 볼프강 림, 펜데레츠키 등이 대표적 작곡가이다.

차례

3부 음악은 결국 사회를 품는다

"소리는 순간에 사라진다. 그리고 그다음에 더욱 중요한 일들이 펼쳐진다. 음악이 멈춘 순간 진짜 음악이 시작되는 것이다. 나는 바로 이 소리 이면의 음악 세계에 매료되었다."

들어가는 글

음악, 사유의 날개를 달다

음악은 소리의 예술이다. 음악 소리가 울리는 순간 많은 일이 일어난다. 오래전 예술의 전당에서 열린 한 피아노 독주회에서 들었던 드뷔시의 〈달빛〉이 떠오른다. 잔잔하게 선율이 울리는 그 순간 피아노가 눈 녹듯이 사르르 녹는 느낌을 받았다. 하얀 건반이 흘러내리면서, 내 마음의 딱딱했던 어떤 것이 갑자기 부드럽게 녹아내리기 시작했다. 막상 악보를 보면 화음들이 듬성듬성 오선보에 그려져 있는 평범한 종이에 불과한데, 그것이 소리로 울리는 순간에 완전히 다른 세계가 펼쳐진 것이다. 이러한 경험을 우리는 보통 음악이 주는 '감동'이라고 말하는 것 같다.

그렇지만 소리는 순간에 사라진다. 그리고 그다음에 더욱 중요한 일들이 펼쳐진다. 음악이 멈춘 순간 진짜 음악이 시작되는 것이다. 그래서 시인 키이츠는 말한다. "들리는 멜로디는 아름답지만, 들리지 않는 멜로디가 더욱 아름답다"라고! 나는 바로 이 소리 이면의 음악 세계에 매료되었다.

'음악학'은 소리의 예술 음악을 언어로 설명하는 학문 분야이고, 그 가운데도 '소리'에 담긴 아름다움과 가치를 연구하는 분야가 '음악미학·음악철학'이다. 들으면 아름답고, 그 자체가 강렬한 감동을 주는 음악을 왜 굳이 낱낱이 쪼개고 나누어 분석하고, 방대한 철학적 사상과 접목시키며 고군분투하는 것일까? 작업의 어려움만큼 과연 이 작업이 가치가 있는 것일까? 진정한 음악도라면 음악을 작곡하거나 연주해야 하는 것이 아닐까? 끊임없이 스스로에게 질문을 던져보기도 했지만, 음악을 언어로 설명하고, 음악이 주는 감동에 대해 인문학적으로 사유하는 이 작업이 나에게는 너무나 흥미진진해서 다른 생각을 할 틈이 없었다. 솔직히 학부에서 피아노를 전공한 사실도 거의 잊고 지낸 것 같다.

실제로 음악에 대한 인문학적·철학적 사유는 오랜 역

사 속에서 다양하게 나타났고, 음악 전반에 큰 영향을 미쳤다. 고대 그리스의 피타고라스 천체음악론이 음악의 감각적 특성 이면에 담긴 의미를 드러내는 형이상학적 접근의 출발이 되었다면, 플라톤과 아리스토텔레스의 논의는 음악의 의미를 확고히 해준 가장 오래된 미학 이론 중 하나인 '모방미학'과 음악을 설명하는 가장 일반적인 생각이 담긴 '감정미학'의 초석이 되었다. 18세기 철학자 바움가르텐이 철학의 한 분과로서 미학을 정립한 이후 미학은 다양한 예술 분야에서 전문화되었고, 그러한 가운데 음악은 철학적·미학적 논의에 밀접하게 연결되었다. 자신의 철학적 체계에 근거하여 음악을 논한 칸트, 헤겔, 셸링, 쇼펜하우어, 니체, 아도르노, 하이데거, 가다머 등 철학자들의 관점은 음악미학의 중요한 토대를 형성했다. 『판단력 비판』에 나타난 칸트의 사상이 음악의 자율성을 강조하는 절대음악미학의 기반이 되었다면, 쇼펜하우어의 『의지와 표상으로서의 세계』에 나타난 미학적 사상은 음악에 확고한 철학적 의미를 부여하였다. 더 나아가 진리의 세계는 심미적 사유를 통해서 가능하다고 본 아도르노는 음악의 위상을 더욱 높은 위치로 끌어 올렸다.

이러한 방대한 음악적 사유의 세계를 공부하면서, 수많은 롤모델은 나에게 큰 학문적 자극을 주었다. "음악이 정신을 자유롭게 한다는 것을 사람들이 알까요? 사유에 날개를 달아준다는 것을?"이라 질문하면서 "음악가가 되면 될수록 더욱 철학자가 된다"고 주장한 니체는 나의 멘토가 되었고, "음악이 가장 내면적이고 가장 사적인 것으로 받아들여지는 순간에도 어김없이 작동하게 되는 공적 맥락"에 대해 이야기하며 음악의 사회성을 역설한 사이드는 냉철한 의식의 필요성을 역설해주었다. "과거도 미래도 없이 하나의 현재에서 다음의 현재로 떨어져가는 존재하는 것들의 뒤에, 나날이 해체되고 벗겨지고 죽음을 향해서 미끄러져 가는 그 소리들 뒤에, 멜로디는 사정없는 증인처럼 젊고 힘차게 그대로 남아있는 것"이라며 음악적 시간성의 정수를 보여준 사르트르, "베토벤의 소나타 30번은… 약간 두근대며 듣다 보면 끝머리의 화려한 종지부 없이 끝나는 줄 모르게 끝나는 곡"이라 하면서 "그렇게 살다 가고 싶다"고 고백한 시인 황동규 등 음악만큼, 아니 어쩌면 그 이상의 아름다운 언어로 음악을 풀어주었던 많은 선대의 글들은 나의 사고의 자양분이 되었다. 이러한 과정에서 음악에 대한 생각들을 부족하지만 글로 쓰고 수업하면서 학생들과 다양한 의견을 나눴다. 이 책은 그간의 작업들을 모은 결과물이다.

수업에서 만난 학생들의 열정과 관심은 이 책을 쓰는 원동력이 되었고, 이번 원고를 함께 읽으며 소중한 의견을 건네준 서울대학교의 원유선 박사 그리고 김서림, 심지영, 정은지 대학원생의 진지한 원고 검토는 큰 도움이 되었다. 이들 모두에게 깊이 감사드린다.

빠르게 변화되는 오늘날의 세계에는 재미있는 것이 너무나 많다. 그 가운데 음악과 철학이라는 분야에 관심 있는 분들에게 동지애를 느낀다. 그분들에게 이 책이 작은 안내서가 될 수 있기를 기대해본다,

2021년 9월

오희숙

1부

음악은

어디
에나

있다

오르페우스는 슬픈 감정을 음악으로 표현하며 지옥의 신들을 감동시켰고, 슈만은 클라라에게 음악으로 사랑을 고백하였으며, 브리튼은 레퀴엠으로 전쟁에서 죽은 친구를 위로하였다. 음악은 인간 내면의 감정을 끌어내는 예술이다.

음악은 들을 수 없는 것을 듣게 한다

- 드뷔시의 〈달빛〉과 모방미학

인간은 왜 예술 활동을 하게 되었을까? 예술의 본질은 무엇일까? 이러한 질문에 대한 가장 오래된 답변 중의 하나는 '모방'이다. 멋진 자연이나 아름다운 여인을 접하면서 그것을 영원히 간직하려는 욕구를 갖게 되고, 그래서 화가는 색과 형상으로, 시인은 언어로, 또 음악가는 음으로 대상을 모방하면서 예술이 탄생했다는 것이다. 이때 모방의 대상과 모방된 작품 사이의 '유사성' 혹은 '일치성'이 예술을 평가하는 데 중요한 잣대가 되었다.

고대 화가 제욱시스Zeuxis와 파라시오스Parrhasios의 에피소드를 보면 예술적 모방이 무엇을 의미하는지가 잘 드러난다. 제욱시스가 포도를 그렸는데, 참새들이 날아와 쪼아 먹으려고 할 정도로 생생했다. 그러자 이를 질투한 파라시오스가 그 그림에 커튼을 그려 포도를 가렸다. 후에 이를 본 제욱시스가 자기도 모르게 그 커튼을 걷으려고 했다는 것이다. 화가들의 신기에 가까운 모방의 기량을 칭송하는 이 일화가 보여주듯이, '마치 실물처럼'은 고대로부터 르네상스를 거쳐 적어도 19세기에 이르기까지 미술에서 가장 중요한 척도로 인정받았다.

물론 예술의 개별적 성격이 다르기에 음악과 미술에서의 모방 개념에는 각각 차이가 있으며, 심지어 음악에서는 모방 개념이 적용되지 않는다고 보는 견해도 있다. 그러나 음악에서도 모방은 매우 포괄적으로 적용될 수 있고, 특히 미학적으로 중요한 의미가 있다. 음악미학적 개념으로서의 모방은 '음악 외적인 요소를 유사하게 재현하는 음악의 능력'을 지칭하는 것으로, 여기서는 천둥·물소리·새소리·종소리 같은 외적 대상뿐만 아니라 기쁨·분노·사랑 같은 인간의 내적인 감정이나 분위기, 더 나아가 우리가 살고 있는 현실적 세계까지도 대상이 될 수 있다.

이렇듯 모방은 대상의 단순한 복사·모사模寫에서부터 감정·성격과 같은 내면 상태의 표현을 포함하며, 음악의 미학적 논의와 음악사 실제에서 상상하는 것 이상으로 예술 창작의 원동력이 되고 있다. 드뷔시의 피아노곡 〈달빛〉을 감상하며 모방의 음악적 의미를 성찰해보자.

●○ 음악듣기

드뷔시Claude Debussy**(1862-1918)의 〈달빛**Clair de lune**〉(1890)**

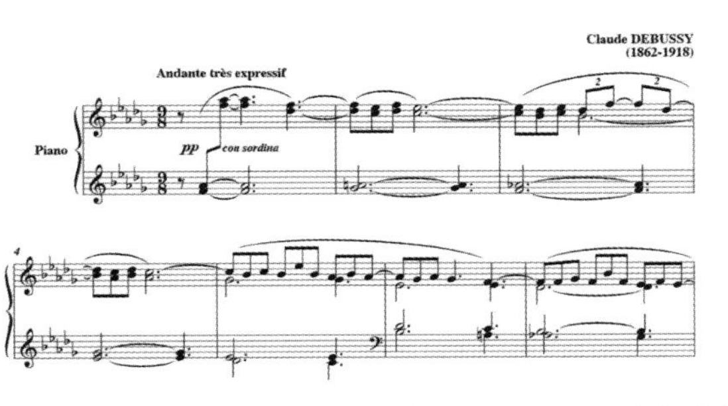

피아노 독주곡《베르가마스크 모음곡》중 〈달빛〉은 음악적 색채감을 중요하게 보았던 인상주의 작곡가 드뷔시의 작품이다. 서정적인 주선율이 느린 템포에서 3도 음정으로 제시되고, 아르페지오와 옥타브 등으로 다양한 유형의 화성과 결합하여 변주되면서 몽환적인 분위기를 드러낸다. 그래서인지 차 안의 안락함

을 보여주는 자동차 광고, 영화 〈트와일라잇〉에서 사랑이 시작되는 부분 등에 사용되기도 하였다.
흥미로운 점은 이 곡을 들을 때 (제목 덕분인지) 달빛이 비치는 아름다운 밤하늘을 연상하게 된다는 것이다. 과연 이 작품은 '달빛'의 정경을 음악적으로 모방한 것일까?
사실 달빛이 비치는 정경을 그림으로는 묘사할 수 있을지라도, 음악적으로 표현한다는 것은 쉽지 않다. 그럼에도 음악에는 '알프스', '백조', '폭풍우' 같은 자연을 소재로 한 작품과 〈아마빛 머리의 소녀〉, 〈푸른 옷소매 환상곡〉 같이 시각적 대상을 제목으로 한 곡이 많이 있다. 드뷔시의 경우, 자신은 음향적 묘사보다는 대상에 대한 영혼의 움직임을 해석하여 상징적으로 나타냈다고 말하기도 하였다. 분명 음악은 자기 특유의 방식으로 대상을 모방하는 예술이라고 할 수 있을 것이다.

플라톤과 아리스토텔레스의 모방론과 음악

음악적 모방미학은 플라톤Plato과 아리스토텔레스Aristotle의 예술적 모방론으로 거슬러 올라간다. 플라톤의 철학에서 진리 세계는 이데아이며, 이데아의 세계는 개별적 사물들의 공통된 특징에 근거하는 추상적·관념적 세계다. 바로

이 이데아를 모방하는 것이 현실이기에 현실은 그림자의 세계, 가상이다. 그런데 예술은 바로 이러한 그림자 세계를 다시 모방한다. 그래서 그는 예술을 이데아의 이중적 모방으로 보았다. 따라서 예술적 모방이란 참된 세계의 순수한 형상이 감각의 세계에서 대상으로 실현된, 일종의 허상을 수동적이고 충실하게 복제하는 행위에 불과하다. 플라톤은 음악적 모방을 단지 단순한 '모방의 모방' 또는 '허상의 모방'으로 낮게 평가한 것이다.

그렇다고 플라톤에게 예술이 중요하지 않은 것은 아니다. 플라톤은 예술의 교육적·사회적 의미를 뚜렷하게 인식한 철학자로서, 예술은 그 자체로서 모방적 진실성을 획득할 수 있다고 보았다. 그는 모방의 정확성을 언급하면서 예술에서 모방의 중요성을 강조하였는데, 예술에서 대상의 비율과 특성, 즉 아름다움을 정확하게 모방하고 성공적으로 재생산해내는 데 예술적 진리가 있다고 보았다. 이때의 모방은 단지 사진과 같은 직접적인 모방이 아니라 상징적인 재생산을 의미한다. 음악과 같이 구체적 모방 대상이 없는 경우에도 음악의 본질을 모방으로 본 것처럼, 그가 말하는 모방의 정확성은 단순히 사진을 찍는 것처럼 정확히 똑

같은 것을 만들어내는 것이 아니라 상징적인 개념으로 이해할 수 있는 것이다. 즉 플라톤에게 훌륭한 예술이란 아름다움이라는 대상의 진리를 이미지를 통해 정확하게 상징화하는 것이며, 따라서 훌륭하고 참된 예술이란 아름다움이라는 대상을 정확하게 상징하는 모방이라고 정의할 수 있다. 또한 플라톤은 음악의 모방적 성격을 특별한 것으로 보았는데, 음악이 인간의 도덕적 속성에 강한 영향력을 끼친다고 생각했기 때문이다.

> 음악은 어떠한 다른 종류의 모방보다 훨씬 대단하다. 그렇기 때문에 음악은 이 모든 것들 중에서 가장 큰 관심을 요구한다.[1]

플라톤에게 이상적인 음악은 전통과 기본적 규율에서 벗어나지 않는 어떤 전형을 보여주는 것이다. 독창성이나 개성을 드러내는 음악보다는 보편적이고 영원불멸의 가치를 지닌 형식을 추구하는 음악이 보다 높은 의미를 지닐 수 있다고 생각한 것이다.

아리스토텔레스 역시 모방을 미적 원칙으로 규정하고

예술을 자연의 모방, 현실의 모방이라고 말한다. 그렇지만 그는 감각적 대상에 의한 경험적 지식을 인식의 출발점으로 보기에, 예술의 본질로서 모방의 의미와 대상이 훨씬 넓어진다. 아리스토텔레스에 따르면 자연은 인간에게 모방의 모델로 주어져 있어서 모방하려는 욕구를 일으키게 한다. 그런데 여기서 나타나는 예술적 모방은 사물을 있는 그대로의 상태보다 더 아름답게 혹은 덜 아름답게 나타낼 수 있다. 모방은 충실한 복사이기보다는 실제에 대한 자유로운 접근의 결과이며, 이에 예술가는 자기 나름의 방식으로 실제를 나타낼 수 있다. 이렇듯 감각적 대상과 그 대상 안에 간직된 형상과 진상을 올바르고 아름답게 재현하는 창조 행위로서의 모방은 중요한 의미를 가지게 된다.

이러한 모방의 의미 변화와 함께, 아리스토텔레스에게서는 모방의 대상도 인간의 감정·성격·행동으로 확대되었다. 이러한 면은 특히 음악과 밀접한 관련을 맺는다. 아리스토텔레스는 실제로 울리는 음악에서 출발하여, 음악의 선율과 리듬이 인간의 감정적 성격을 모방할 수 있다고 보았다. 즉 음악을 통해 인간의 성격, 특징, 더 나아가 내적인 삶을 모방할 수 있다고 생각한 것이다. 흥미로운 점은 음악

이 이러한 모방적 성격을 통해 청취하는 사람의 감정을 변화시킨다는 것이다.[2]

아리스토텔레스 모방론의 또 다른 특징은 이러한 모방적 예술이 즐거움을 준다는 점이다. 예술의 모방에서 인간이 누리게 되는 즐거움은 개념과 지식을 획득함으로써 나오며, 또한 대상과의 일치감에서 느끼는 감각적 측면에서도 연유할 수 있다. 이를 통해 예술의 도덕적 측면에 중점을 두었던 플라톤과 달리, 아리스토텔레스에게는 예술의 향유와 영향이 중요한 문제로 부각된다. 다시 말해 아리스토텔레스는 예술의 영향, 청중에게 주는 인상, 예술의 체험 문제, 즉 경험적 차원에 더욱 관심을 가졌다. 이러한 면은 음악에 대한 언급에서도 명확하게 드러난다.

> 대부분의 사람들은 즐거움 때문에 음악에 관심을 갖는다. 그러나 음악은 원래 교육의 한 부분으로 작용한다. 왜냐하면 자연 자체는 -일반적으로 언급되듯이- 단지 올바르게 행동하는 것뿐만 아니라 고귀한 방식으로 여가를 선용할 수 있도록 노력하기 때문이다.[3]

아리스토텔레스에게 음악은 즐거움을 주는 예술이며, 노동에 대립하는 '여가'에서 큰 역할을 한다. 이러한 맥락에서 아리스토텔레스는 음악을 '고귀하고 아름다운 분야'로 접근하였고, 여기서 고대 그리스적 문화에서는 어느 정도 낯선 개념인 '미학'이라 부를 수 있는 형태를 발견하게 된다.[4]

귀가 좋아하는 것은 마음도 좋아한다

18세기에 들어서서 모방미학은 예술을 규정하는 가장 보편적인 이론으로 자리 잡았고, 그 중심에는 그림이나 조각 같은 시각예술이 있었다. 이러한 논의는 점차 음악에도 적용되기 시작했는데, 이는 음악이 다른 예술과 동등한 관점에서 대우받았다는 것을 의미한다. 그 중심에는 뒤보스Jean-Baptiste Dubos와 바퇴Charles Batteux가 있었다.

뒤보스는 『시와 그림에 관한 비판적 성찰』(1719)에서 기본적으로 모방의 대상을 자연으로 보았고, 특히 인간의 열정을 자극할 수 있는 자연을 모방하는 것을 강조하였다. 뒤보스는 "음악의 첫 번째 기본 원칙들은 시나 그림의 그것과 동일"하며 음악도 일종의 모방이라고 주장하였는데,

흥미로운 점은 모방된 대상 자체보다 모방하는 방식을 중요하게 보았다는 데 있다. 예술이 모방하는 대상은 다양하지만 각각의 대상을 모방하는 방식은 더욱 다양하며, 예술가가 어떠한 방식으로 모방을 행하는가에 따라 예술 작품의 의미가 달라진다는 것이다. 여기서 알 수 있는 사실은, 뒤보스에게 모방이란 대상을 있는 그대로 재현하는 것이 아니라 예술가에 따라 각각 다르게 접근할 수 있는 것이라는 점이다.

뒤보스는 그의 저서 제45장에서 음악에 대한 상세한 논의를 전개하였다. 음악은 다른 예술과 마찬가지로 자연의 모방이지만, 특히 그 대상 중에서 감정이라는 것이 중요하게 부각된다.

> 화가가 자연의 특징과 색채를 모방하는 것처럼 음악가도 자연 스스로의 느낌과 감정을 표현하는 음과 악센트, 탄식, 음고, 즉 모든 소리들을 모방한다. 이 모든 소리들은 우리를 감동시키는 훌륭한 힘을 가지고 있는데, 이것은 자연으로부터 주어진 격정의 표시들이고 자연은 이들로부터 활력을 얻기 때문이다.[5]

뒤보스는 음악과 감정 사이에는 비밀스러운 관계가 있으며 특별한 친근성을 지니고 있다고 보는데, 이러한 면에서 음악의 특별한 의미를 발견할 수 있다. 뒤보스에 따르면, 시는 감정을 단지 언어라는 수단을 통해서, 즉 인간이 만들어낸 기호와 표현을 통해 자의로 드러내지만, 음악은 "자연이 스스로 창조한 열정의 표시로서, 거기서 자신의 에너지"를 가지고 있다. 그러므로 음악은 "우리의 감정을 동요시키는 굉장한 능력"이 있다. 왜냐하면 "귀가 좋아하는 것은 마음도 좋아하기 때문이다."

또한 주목할 점은, 뒤보스가 모방을 단순한 재현이 아닌 예술가의 작업의 소산으로 보는 입장을 음악에도 적용하였다는 것이다. 음악가는 자연의 소리를 더욱 잘 모방하기 위해서 선율·화성·리듬을 사용하는데, 화성을 형성하는 화음은 음악가가 모방하려는 소리를 표현하는 데 중요한 역할을 하며 리듬은 모방에 더욱 '진실성'을 부여한다. 즉 인간의 내면적 감정을 "풍부한 화음과 선율"로 효과적으로 모방해야 한다고 본 것이다. 이러한 모방에서는 음악가의 특별한 능력, 천재성이 중요한 역할을 한다. 자연을 모방하는 음악을 만들어내는 작곡가가 뛰어난 능력을 갖추고 있을 때 비로소 진실한 작품을 만들 수 있다는 것이다. 종합하자면, 뒤보스는 음악적 모방의 대상을 감정으로 보고, 예술가의 모방 능력에 따라 아름다운 음악이 탄생한다고 주장하였다.

바퇴는 『동일한 원리로 환원되는 아름다운 예술』(1773)에서 모든 예술을 모방 원칙으로 설명하였다.[6] 철학 교수였던 그는 뒤보스의 견해를 부분적으로 수용하여 예술의 자연모방론을 체계적으로 전개하면서, 자연의 모방이 있는 그대로의 모방이 아니라, '자신의 관점을 보여주는 모방'이어야 한다는 것과 '모방의 대상도 선별되어야 한다'고 주장하였다. 예술가는 "그 자체로서 완벽한, 선별된 전체를 창조하기 위해서 자연의 아름다운 부분을 찾아야 한다." 자연의 모든 것이 멋의 감각에 일치하거나 유쾌한 느낌을 주는 것은 아니기 때문이다. 인간의 느낌에 유쾌함을 주는 것만이 아름다운 자연이며, 아름다운 자연만이 예술적 모방의 대상이 된다. 즉 예술에서 자연은 있는 그대로의 조야한 자연이 아닌 잠재적으로 아름다운 자연으로서 다루어져야 한다는 것이 바퇴의 주장이다.

바퇴가 보는 예술의 모방에는 '정확성'과 '자유'가 혼합되었다고 볼 수 있다. '자연'에 대해서 이야기하고 있지만, 실제로는 자연과 멀리 떨어진 '인공성', 즉 예술가의 인위적인 작업을 강조한다. '자연의 모방'에서 강조점이 자연에 있기보다는 모방에 있으며, 모방의 개념에서도 예술가의 취향 또는 능력이 많이 부각되고 있는 것이다. 이러한 모방 개념은 음악에 그대로 적용된다.

바퇴는 예술을 세 가지 유형으로 분류하였는데, 자연을 해설하는 '기계적 예술', 자연을 모방하여 즐거움을 주는 '아름다운 예술', 기능성과 유쾌함이 연결된 '혼합 예술'이다. 이 가운데 음악은 자연을 모방하는 '아름다운 예술'에 속하며, 모방의 대상은 감정이라는 제2의 자연으로 상정되었다. 바퇴는 음악을 '심장의 언어'라고 보면서, 인간의 감정과 열정을 모방하는 과제를 음악에 부여하였다. 음악은 심장의 보편적 언어로서, 번역할 필요 없이 그 자체로서 사람들의 감정에 직접 다가간다.

이러한 흐름에서 음악의 모방에 대한 흥미로운 논의는 루소Jean-Jacques Rousseau에게서 찾을 수 있다. 루소도 예술의 본질을 모방의 관점에서 다루었는데, 그는 진정한 음악이란 현실의 상을 모방하지 않고, 그것의 영향을 모방한다고 보았다. 즉 대상의 직접적인 모방에서 한 단계 더 나아가 대상이 가져오는 효과에 주목한 것이다.

루소에 따르면, 음악은 자연에서 들을 수 없는 것, 예를 들어 무기력함, 침묵, 고요 등을 듣게 하는 놀라운 일을 완벽하게 해낸다. 음악은 음들의 운동을 통해서 고요함을 모방할 수 있는데, 이는 음악이 고요함이라는 대상 자체를 모방하지 않고 그것을 관찰하는 사람에게 미치는 영향을 모방하기 때문이다. "모든 자연이 잠들어 있다 할지라도, 그것을 관찰하는 사람은 자지 않는다Que toute la Nature soit endormie, celui qui la contemple ne dort pas."[7] 즉 음악은 관찰자에게 미치는 영향을 재현하기 때문에, 소리를 내면서 고요함을 모방할 수 있다고 본 것이다.

이러한 측면에서 루소는 음악이 회화를 능가한다고 생각했다. 왜냐하면 회화는 볼 수 없는 것을 볼 수 있게 할 수 없지만, 음악은 들을 수 없는 것을 들을 수 있게 할 수 있다고 보았기 때문이다.

뒤보스와 바퇴 그리고 루소의 논의를 통해서 살펴본 바, 자연의 모방이 음악에 적용되면서 직접적인 모방보다는 음악을 통해 나타나는 표현력에 관심이 쏠리게 되었고, 모방의 대상이 제2의 자연이라고 상정한 감정과 연결되었음을 알 수 있다. 음악에서 모방이 외부적 대상보다는 인간의 감정에 미치는 영향과 밀접한 관련을 맺고 있음을 볼 때, 음악이 미치는 영향을 중시하는 미학 중 하나인 '영향미학'은 음악적 모방과 밀접한 관련을 맺는다고 할 수 있다.

'모방'에서 '창의성'으로

김이설의 소설 『우리의 정류장과 필사의 밤』에는 신춘문예에 몇 년째 낙방한 시인 지망생인 주인공이 매일 일과를 마치고 주방 식탁에 앉아 시를 필사하는 모습이 그려진다. '모방은 창조의 원동력이다'라는 말이 떠오르는 지점이다. 모차르트Wolfgang A. Mozart도 어린 시절 아버지와 전 유럽을 여행하면서 각 지역의 음악 양식을 모방하는 과정을 거친 것으로 유명하다. 사진기와 복사기의 발명으로 의미가 변모되긴 했지만, 모방은 여전히 예술에서 끈질기게 생명력을 유지하고 있는 개념이라고 할 수 있다. 또한 흥미로운 점은 우리가 보통 생각하는 '모방'이 대상을 그대로 재현하는 '복사'의 개념을 넘어서, 예술가의 마음에 그려지는 관념과도 연관된다는 것이다.

음악에서 모방은 청각 및 시각적 요소의 모방으로부터 언어의 모방이나 상징적 모방에 이르기까지 폭넓은 범위에 걸쳐 적용되었는데, 일차적으로는 외부의 청각적 형태와 시각적 형태를 유사하게 재현하게 된다. 이러한 유형은 '그림음악tone painting'과 '표제음악program music'에서 잘 나타난다. 르네상스와 바로크 시대에 나타난 '그림음악'은 마치 그림을 드리듯이 대상을 음으로 표현하는 것으로(예를 들어 빗방울을 짧은 피치카토로 표현) '외부적 대상의 묘사'라는 기법적인 용어인 반면에, 19세기에 나타난 표제음악은 (절대음악에 대립되는) 미학적 범위에서 많이 사용되고 있다.

그림음악에서 출발하였으며 표제음악의 선구적 작품으로 평가되는 비발디Antonio Vivaldi의 〈사계Le Quattro Stagioni〉(1725)를 보자. 이 작품은 비발디가 썼다고 추측되는 4개의 소네트(정형시)를 바탕으로 '봄-여름-가을-겨울'이라는 제목의 네 작품으로 구성되었고, 각각은 다시 3악장으로 나뉜다. 이 작품에는 제목에 걸맞게 계절의 변화에 따른 자연현상과 대상이 직접적 또는 상징적으로 모방되고 있다.

제1 소네트에는 봄이 온 것, 샘물 소리, 바람의 한숨, 폭우, 새소리가 나온다. 음악에서는 시의 내용에 어울리게

2개의 합주tutti 부분(각 6마디)이 봄의 명랑한 분위기를 묘사하고, 이 부분들이 반복된다. 그 사이사이로 프로그램적 장면이 독주 또는 총주로 삽입되어 모방적 부분과 순수음악적 반복 부분이 연결되어 있다. 예를 들어 '봄'의 제1악장에서는 새의 지저귐과 샘물 소리가 음악적으로 묘사되었고, '여름'의 제3악장에는 악천후가 표현되었으며, '겨울'의 느린 제2악장에는 벽난로 장면이 묘사되었다. "밖에 비가 휘몰아칠 때 난롯가에서 고요하고 만족한 시간 보내기." 여기서 단순한 선율은 편안함을, 피치카토는 빗방울을, 지속음은 고요함을, 화성을 받치고 같은 리듬으로 흘러가는 계속저음은 하느님의 손안에서 쉬는 세계를 표현한다.

사계절의 자연이 담긴 이 작품은 계절이 바뀔 때마다 FM 라디오에서 자주 들을 수 있는 애청곡이다. 봄의 화창함이나 여름의 장맛비, 가을의 우수와 겨울의 안락함을 음악적으로 느낄 수 있는 〈사계〉는 바이올린 연주자들이 예술적 기교를 발휘할 수 있는 장을 열어주어 더욱 자주 연주되고 있는 듯하다. 특히 클라라 주미 강이 연주하는 〈사계〉를 들어보면 이런 분위기를 흠뻑 느낄 수 있을 것이다. 이처럼 자연의 모방은 비발디의 걸작을 창출하는 출발점이

된 것이다.

시대를 훌쩍 뛰어넘어 20세기의 작곡가 메시앙Olivier Messiaen을 보자. 조류학자처럼 새에 대해 박식했던 메시앙은 새의 소리에서 무궁무진한 음악적 모티브를 발견하였고, 이를 음악적 작품으로 변용하였다. 피아노와 오케스트라를 위한 〈새의 깨어남Réveil des oiseaux〉(1953)은 나이팅게일부터 산비둘기에 이르는, 프랑스에 서식하는 38가지 새의 소리를 중심으로 '자정'부터 '낮'까지 새들이 깨어나는 과정을 묘사하고 있으며, 〈이국의 새Oiseaux exotiques〉(1955-1956)는 제목이 말해주듯이 프랑스를 넘어 아시아와 미국에 서식하는 새들의 노래를 묘사하고 있다. 그리고 '새의 양식'이 집대성된 작품으로 평가되는 피아노 독주곡 〈새의 카탈로그Cataloque d'oiseaux〉(1958)는 연주 시간이 2시간에 이르는 대규모 작품으로, 우리가 잘 알지 못하는 다양한 새들을 더욱 집중적으로 다루고 있다.

1. 알프스의 까마귀, 꾀꼬리, 파랑지바퀴

2. 지중해딱새

3. 숲부엉이, 들종달새

4. 연못휘바람새

5. 종달새, 비단휘바람새

6. 지빠귀새

7. 말똥가리새, 딱새비둘기, 도요새

물론 새들의 노래가 완벽하게 재현될 수는 없지만, 메시앙은 이러한 작품에서 새들의 특성을 미세한 음정으로 변환·확대하여 예술 음에 근접하게 했고, 피아노의 기교적 양식과 정교한 리듬, 극단적 음역과 두터운 화음군을 사용하여 가능한 한 새의 소리와 유사하게 표현하고자 하였다.

메시앙은 "새로운 발견과 창조를 위해 대도시를 분주히 헤매다 지쳤을 때, 나는 자연으로 되돌아가서 새소리를 듣는다. 그들이야말로 나의 최고의 스승이었다"라고 말하며, "새들은 그들 노래의 혼합을 통하여 최고로 세련된 리듬적 계속저음의 복합체"를 만들어내며, "새들의 선율은 인간의 상상력을 초월하는 판타지"를 지니고 있다고 말한다. 메시앙에게 새들의 소리는 모방의 대상이자 창조의 원동력이었던 것이다.

테크놀로지의 발전이 음악에 깊이 개입하는 현대음

악에서도 모방은 여전히 중요한 의미를 가진다. 베리오Luciano Berio의 아방가르드avant-garde적인 작품 〈세쿠엔치아Sequentia〉(1958-2002)는 인간의 다양한 목소리를 모방하고 있으며, 리제Nicole Lizée의 〈히치콕 에튀드Hitchcock Études〉(2010)는 히치콕의 영화 〈사이코〉(1960)의 비명 소리를 모방하고 있다. 또한 AI 작곡가들은 바흐와 베토벤 등 기존 작곡가의 작품을 모방하여 창작을 하고 있다. 예술은 모방에서 벗어날 수 없는 운명인 듯하다.

음악이 이야기를 재현할 수 있을까?

예술에서 강력한 미적 척도로 작용했던 모방미학은 18세기 말 이후부터 영향력을 잃게 되었다. 독창성 미학과 낭만주의 감정미학이 대두되면서 대상을 모방하는 것보다는 새로운 무언가를 창출하는 것이 훨씬 중요해졌기 때문이다. 그렇지만 19세기에 모방은 음악적 논의에서 다시 한번 주목받게 되는데, 이는 바로 '표제음악'의 등장과 관련된다.

표제음악은 1855년에 음악학자 암브로스August Wilhelm Ambros와 작곡가 리스트Franz Liszt에 의해 형성된 개념으로, '제목, 설명, 시나 그림과의 연관성, 사상 등을 통하여 음악 외적인 내용을 인식할 수 있는 기악 작품을 총칭'한다. 교향곡 등 기악을 작곡하면서 작곡가들은 언어적 장치가 없는 순수 기악음악에서 명확한 메시지를 전달할 수 있는 표현 방법을 찾게 되었고, 그 가운데 추상적인 음악언어를 보완해줄 구체적이고 외적인 장치를 활용하게 되었다. 이러한 상황에서 음악 외적인 요소를 사용한 표제 교향곡과 교향시 등의 새로운 장르가 활발하게 창작된 것이다.

19세기 표제음악의 대상은 작곡가의 체험(베를리오즈의 〈환상 교향곡〉, 스메타나의 〈현악 4중주 제1번 '나의 삶에서'〉), 문학 작품(리스트의 『파우스트』), 그림(무소르그스키의 〈전람회의 그림〉), 자연 풍경(슈트라우스의 〈알프스 교향곡〉) 등 다양했다. 이러한 19세기 표제음악의 기본적 토대는 모방미학으로서 음악 외적인 대상을 묘사하는 것이 기본적 전제이지만, 여기서의 '모방' 개념은 직접적인 묘사뿐 아니라 19세기 낭만주의 미학에서 중요하게 여겨졌던 '시적 아이디어Poetische Idee'의 재현도 포함시켰다. 즉 구체적인 대상뿐 아니라 예술의 본질이라고 할 수 있는 추상적인 사상도 표제음악의 대상이 된 것이다.

표제음악의 대표적 작곡가라고 할 수 있는 리스트는

"표제 또는 제목이 작품 전체에서 필수불가결하고 작품을 이해하는데 빠질 수 없는 요소가 될 때 표제음악이 정당화 될 수 있다"라고 주장하면서, "내용이 형식을 결정한다"는 것을 표제음악의 중요한 척도로 보았다.[8] 보통 음악 작품에서는 주제의 재현과 모티브적 발전이 음악의 형식적인 규칙에 따라 전개되는 반면, 표제음악에서는 '시적 아이디어'에 근거하여 모티브의 재현·반복·변화 등이 전개된다고 본 것이다. 즉 리스트는 시적인 아이디어가 주도하는 음악을 추구하였고, 이는 당대의 수준 높은 문학적 사상을 음악으로 재현하고자 한 것으로 보인다.

19세기 표제음악의 효시가 되는 베를리오즈Louis Hector Berlioz)의 〈환상 교향곡Symphonie Fantastique, Op. 14〉(1830)을 살펴보자. 이 곡은 대상의 모방을 넘어 스토리의 재현이라는 새로운 차원을 열어줬다는 점에서도 흥미롭다. 이 곡의 표제는 '어느 예술가의 생애에서. 환상 교향곡'이며, 각 악장에도 작곡가가 직접 쓴 해설이 삽입되어 있다.

이 교향곡에 담긴 전체 스토리는 작곡가 자신의 체험을 바탕으로 한 것으로, 실연에 빠진 젊은이의 불안정한 모습이 다섯 악장에 담겨 있다. 베를리오즈는 1827년 파리에서

셰익스피어의 〈햄릿〉을 관람하였는데, 이때 오필리아 역할을 했던 스미스슨Harriet Smithson을 열렬히 사랑하게 되었다. 그렇지만 이 짝사랑은 이루어지지 않았고, 스미스슨이 파리를 떠나자 그녀에 대한 사랑은 증오로 변했다. 이 강렬한 감정이 〈환상 교향곡〉을 작곡하는 계기가 되어, 베를리오즈는 1830년 1월부터 4월까지 집중적으로 이 작품을 만들었다(베를리오즈는 1833년 마침내 스미스슨과 결혼했지만, 성격 차이 등으로 결국 파경을 맞았다).

베를리오즈는 이 작품을 '기악적인 드라마drama instrumental'라고 칭했다(1845/46 프로그램). 즉 가사 또는 대사가 없는 기악음악이지만 일종의 드라마로서, 전체 5악장은 5막의 드라마와 유사하게 스토리가 진행된다. 불안정한 열정에 사로잡힌 젊은이는 꿈속에서 연인을 그리면서 그녀에 대한 열정적 사랑과 증오를 느끼게 되며(제1악장), 무도회에서 연인을 찾아 만난다(제2악장). 그는 여름날 들판에서 목동의 피리 소리를 들으며 연인의 배신에 대한 불안감을 느끼다가(제3악장), 연인을 죽이고 사형을 선고받아 단두대로 끌려가 죽음을 맞이하며(제4악장), 마녀들의 밤 축제에서 예전의 기품을 잃고 창녀의 모습이 된 연인을 보게 된다

(제5악장).

이처럼 구체적인 표제가 제시되어 있어, 청자는 스토리를 연상하며 일종의 드라마를 보듯이 이 교향곡을 감상할 수 있다. 이러한 스토리의 재현을 위해 베를리오즈는 '연인'을 상징하는 모티브를 만들어, 연인이 등장할 때마다 모티브가 나오는 장치를 활용하였다(고정상념 기법). 즉 특정 모티브를 반복적으로 등장시키지만, 상황에 따라 모티브가 변형되면서, 인물과 상황을 구체적으로 지시하는 것이다. 예를 들어 제2악장의 무도회에서 우아하게 등장하는 연인의 선율은, 제5악장에서는 트릴과 독특한 악기법을 활용하여 마녀와 창녀의 모습으로 일그러져 나타난다. 또한 제3악장에서는 4개의 팀파니로 폭풍우가 묘사되며, 제4악장에서는 사형대에서 주인공이 죽기 전 마지막으로 연인을 생각할 때 연인의 고정상념이 울리고, 곧 포르티시모ff 소리와 함께 단두대의 칼이 떨어지며 머리가 땅에 구르는 모습이 음악적으로 표현되기도 하였다.

베를리오즈는 처음에는 이 극적인 음악 작품을 이해할 수 있도록 "프로그램을 청중에게 꼭 나누어주어야 한다"라고 강조했지만, 나중에는 "엄격하게 보자면 프로그램을 청중에게 나누어주는 것"은 생략될 수도 있다고 말했다. 여기서 자신의 소망은 "교향곡이 그 자체로서, 드라마적 의도와 상관없이 음악적인 관심을 불러일으킬 수 있는 것"(1855)이라고 피력했다는 점은 주목할 만하다. 기악으로 문학 작품, 즉 스토리를 재현하려는 시도는 근본적으로 모방이라는 미적 원칙에서 출발한 것으로, 새로운 음악 장르를 창출하는 디딤돌이 되었다.

음악은 어떻게 우리의 감정을 사로잡는가

- 비탈리의 〈샤콘느 g단조〉와 감정미학

누구나 한 번쯤은 음악을 듣고 크게 감동한 경험이 있을 것이다. 피아니스트 굴드Glenn Gould는 열다섯 살의 어느 날, 라디오에서 흘러나오는 바그너Richard Wagner의 〈트리스탄과 이졸데Tristan und Isolde〉를 듣고 "그냥 눈물을 흘렸다"라고 고백하였다. 또한 철학자 니체Friedrich W. Nietzsche는 "영혼의 모든 날개가 경련하며 펼쳐져서 숨을 멈추지 못하는" 음악적 경험을 철학서에 쓰기도 했다. 음악은 어떤 예술보다 감정과 밀접한 관계를 맺고 있음이 분명하다. "우리의 마음속에 솟아오르는 감정이 가끔은 너무나 엄청나고 거대해서" 그것을 담기 위해 예술이 탄생했고, 그중에서도 음악이 인간의 감정을 표현하는 최고의 예술이라고 했던 낭만주의 문학가 바켄로더Wilhelm Heinrich Wackenroder의 말처럼, 음악의 근원에는 감정이 핵심적으로 작용하고 있다고 해도 과언이 아닐 것이다.

세분화된 관점으로 보자면, 음악과 연관된 감정은 '작곡가-작품-청자'에 따라 다르게 나타난다. 즉 작곡가가 자신의 내면적 감정을 작품으로 '표출'할 때의 감정, 작품에 '함축'된 감정, 그리고 작품을 들을 때 청자가 '느끼는' 감정이 그것이다.

작곡가가 한 사람의 인간으로서 느끼는 기쁨과 좌절, 희망, 분노, 슬픔을 작품에 표현한다는 차원에서 작품은 감정을 함축하고 있다고 할 수 있다. 그리고 이렇게 만들어진 작품을 통해 청자는 감정적 동요를 느끼게 된다. 즉 음악은 감정을 '표출-함축-환기'하는 예술이다.

●○ 음악듣기

비탈리Tomaso Antonio Vitali(1663-1745)**의 〈샤콘느**Chaconne in g minor〉(1745 혹은 이전)

'세상에서 가장 슬픈 음악'이라는 별칭을 가지고 있는 곡이 있다. 18세기 바로크 작곡가 비탈리의 〈샤콘느〉이다. 샤콘느는 스페인 무용음악에서 출발한 바로크 시대의 기악 변주곡으로 비탈리의 작품을 통해 특히 대중적으로 잘 알려지게 되었다. 비탈리의 〈샤콘느〉는 베이스의 화성 패턴이 느리게 반복되면서 변주되는 가운데, 주제 선율이 높은 음역에서 긴장감 있게 고조되다가 고요함 속으로 가라앉기를 반복한다. 드라마틱한 감정적 곡

선이 담긴 주제 선율의 변화는 바이올린 특유의 쨍쨍하면서도 서정적인 음색과 맞물려 청중을 몰입시킨다. 세계적인 바이올리니스트들이 대부분 한 번쯤 이 곡 연주에 도전하며 자신의 개성을 발휘하는 것도 이 곡의 매력을 잘 보여준다고 하겠다. 주목할 만한 점은 이 곡에 대한 청중의 반응이 유독 감정적이라는 것이다. "이 곡을 듣다 보면 슬픔에 사로잡힌다", "곡을 듣는 도중 통곡을 했다"라는 평들이 보여주듯이, 이 곡은 인간의 내면을 깊숙하게 파고드는 어떤 요소를 가지고 있다.

음악은 이처럼 우리를 슬프게 하고 때로는 눈물까지 흘리게 한다. 『감정의 격동』이라는 방대한 저술을 발표한 현대 철학자 누스바움Martha C. Nussbaum은 "말러Gustav Mahler의 〈죽은 아이를 기리는 노래Kindertotenlieder〉에서 볼 수 있듯이, 음악은 모든 슬픔 중에서도 가장 끔찍한 슬픔, 아이를 잃은 부모의 슬픔을 담아낼 수 있다"라고 하면서 음악이 감정적 삶과 깊은 관련이 있다고 주장하였다.[9] 음악은 어떻게 이처럼 우리의 감정을 사로잡을까?

슬플 때는 더 슬픈 음악을 들어야 한다: 음악적 카타르시스

일찍이 고대 철학자들은 음악과 감정의 관계에 주목했다. 피타고라스Pythagoras가 인간의 영혼에 미치는 감정적 정화 작용에 주목하고 플라톤이 에토스론을 통해서 감정의 도덕적·윤리적 영향을 강조했다면, 아리스토텔레스는 실제로 청자가 느낄 수 있는 감정의 영향에 관심을 보였다. 특히 주목되는 지점은 아리스토텔레스의 '카타르시스 미학'이다. 아리스토텔레스는 모방의 실제적 내용을 '인간의 감정과 성격'으로 보면서 모방을 통한 예술이 감각적인 즐거움을 준다는 사실을 강조하였고, 이 과정에서 예술이 주는 감정적인 정화 작용을 '카타르시스'로 설명하였다.

『시학』 6장의 비극론에서 논의된 아리스토텔레스의 카타르시스는 감상자가 일상 세계에서 느끼는 고통스러운 감정인 연민과 공포가 예술 작품을 통해 인위적으로 자극되면서, 이러한 감정에서 해방되어 즐거움을 느끼게 해준다는 것으로 이해된다. 즉 카타르시스는 예술이 충격과 감정 및 상상력으로써 이성을 압도하는 어떤 상태를 창출하면서 마음속에 나타나는 격렬하고 이질적인 감정으로, 이러한 강렬한 체험을 통해 억압된 감정이 해방되는 것을 가리킨다. 아리스토텔레스는 실제 경험 세계에서 연민과 공포의 감정은 일종의 고통이지만, 예술 작품을 통해 이러한 감정이 분출되고 배설되면서 일시적으로나마 해방되어 영혼이 치유될 수 있다는 점에 주목한 것이다.

이러한 논의를 음악에 연결해보면, 음악이 인간의 감정을 모방적으로 표현하면서 억압된 감정을 표출하게 한다고 볼 수 있다. '슬플 때는 더 슬픈 음악을 들어야 한다'라는 말은 바로 이러한 맥락에서 이해할 수 있을 것이다. 슬픈 음악을 경험하면서 우리 내부에 있는 슬픔의 감정이 자극되어 표출되면서 정화될 수 있고, 이를 통해 우리는 슬픔에서 해방된 예술적 즐거움을 경험할 수 있다. 즉 아리스토텔레스는 우리의 감정을 정화하는 음악만이 본질에 충실한 예술이라고 본 것이다.

이렇게 아리스토텔레스는 예술의 목표를 카타르시스, 즉 해방의 즐거움이라는 감정의 차원으로 가져오면서 플라톤과는 다른 방향을 제시한다. 윤리성을 강조한 플라톤에게 예술에 따르는 감정의 자극과 동요가 규제가 필요한 영역이었다면, 아리스토텔레스에게는 예술이 궁극적으로 감정적 동요를 할 수 있게 해주기 때문에 의미가 있는 것이다. 즉 아리스토텔레스는 감정적인 정화를 통해 인간에게 도덕적 경지가 나타날 수 있다고 보면서, 에토스와 감정의 화합을 보여주었다.

음악과 감정의 일대일 대응: 감정 이론

음악사의 관점에서 보면, 본격적으로 음악과 감정의 관계에 주목하기 시작한 시기는 17세기 바로크 시대다. 감정이 지성과 함께 인간에게 중요한 내적인 힘으로 인식되기 시작하면서 음악과 감정의 연관성이 강화되었기 때문이다. 우리에게 친숙한 바흐와 헨델, 비발디와 라모, 그리고 비탈리 등이 활동했던 이 시대에는 오페라라는 장르가 탄생했고, 기악음악이 본격적으로 창작되었다. 이러한 음악적 흐름에서 '감정'이라는 요소가 음악에서 중요한 역할을 하게 되었다. 이러한 경향은 '감정 이론Affektenlehre'으로 체계화되면서 음악 이론과 미학의 중심이 되었다.

이론가 마테존Johann Mattheson이 집대성한 감정 이론은 일차적으로 '음악은 감정을 표현하는 예술'이라고 보았다. 이때 중요한 점은 감정의 '표현'이 모방적 차원에서의 재현을 의미한다는 것이다. 즉 작곡가는 자기 자신의 감정을 드러내는 사람이기보다는 다른 사람의 감정을 그리는 화가에 비유될 수 있다.[10] 또한 주목해야 할 점은 이 시기의 감정이 현대적 의미의 감정과 구별된다는 점이다. 즉 이 시기에 이해된 '감정'은 작곡가 자신의 내면과 직접적으로 관련된 극히 개인적이고 주관적인 감정이 아니라, 공동체적 기반을 전제로 하여 유형화된 감정이다. '우리'라는 한 공동체 안에서 사람들이 특정한 자극에 의해 공통으로 어떤 구체적 감정을 느낀다고 보는 것이다. 예컨대 한 작품을 함께 감상한 사람들은 모두 유사하게 슬프거나 즐거운 감정을 느낀다는 얘기다.

이러한 전제하에 감정은 일정한 양식과 형식, 음형, 박자, 조성 등의 보편적인 음악적 수단을 통하여 정형화되었다. 즉 선율, 화성, 리듬, 음향, 음색, 다이내믹, 양식, 조성 등이 감정을 모방하는 수단이 된다. 템포 역시 특정한 감정을 표현하는 데 사용되었고, 연주 기호도 감정의 표현과 연결되었다. 마테존은 각각의 조성이 어떤 감정을 대변하는가를 연구하였는데, 장조냐 단조냐와 관계없이 개개의 조성에는 저마다의 성격이 있어 그것이 인간의 심적인 상태나 감정의 여러 형태를 표현한다고 보았다. 예를 들어 C장조는 대담한 성질, 축제나 기쁨의 표현이고, f단조는 깊고 무거운 절망과 치명적인 불안, 우울의 표현이라는 것이다. 오늘날에는 음악에 대한 반응이 저마다 다른 것을 당연한 현상으로 본다. 즉 어떤 음악을 들었을 때 누군가는 슬픈 감정을 느낄 수 있고 또 다른 누군가는 기쁜 감정을 느낄 수 있다고 여긴다. 하지만 18세기에는 보통 한 작품에서 모두가 공통으로 유사한 감정을 느낀다고 생각하였다.

바로크 시대의 감정 이론은 음악의 창작·연주·이론·미학의 전 분야에 광범위한 영향을 미쳤고, 철학자 칸트Immanuel Kant와 헤겔G. W. F. Hegel에게도 이러한 입장이 영향을 미쳤다는 사실이 이들의 논의에서 드러난다. 헤겔은 음악이 "기쁨·즐거움·익살·흥분·영혼의 환희와 환호 등의 뉘앙스, 아울러 불안·걱정·슬픔·비탄·근심·고통·그리움 등, 더 나아가 경외·사모·사랑까지도" 표현할 수 있다고 하면서, 바로크 감정 이론과의 관련성을 뚜렷하게 보여주었다. 그렇지만 18세기 중반에 이르자 바로크 시대의 유형화된 감정 묘사가 주관적인 감정 표현으로 대치되면서 감정 이론은 서서히 약화되었다. 음악에 나타나는 감정이 '서술 원리'에서 '표출 원리'로 변화된 것이다.

현대적 관점에서 바로크 감정 이론을 살펴보면, 감정에 너무 일차적으로 접근했다는 생각을 지울 수가 없다. 예컨대 사랑이라는 감정은 너무나 복잡한데, 그것을 특정 조성과 특정 악기 또는 특정 음형으로 표현한다는 것은 매우 소박한 시도로 보인다. 그럼에도 데릭 쿡Derek Cooke과 같은 음악가는 『음악과 언어』라는 책에서 바로크 시대 감정 이론의 연장선상에서 음악과 개별적 감정을 연결했다.[11] 그는 음악적 어휘와 개별적 감정을 연결했는데, 기본적으로 조성음악을 중심으로 통용 가능한 음악적 어휘를 제시하였다. 예를 들어 I도 화음은 '감정적으로 중립적'이며, 단2도는 경과음으로써 작용하며 역시 감정적으로 중립적인 반면, 단3화음은 '금욕적이고 냉소적인 받아들임', '비극' 등의 감정을 의미하고, 장3도는 '기쁨'을, 4도는 '고통'을 의미하며, 증4도는 '적극적인 노력'을 의미한다고 보았다. 물론 그의 시도는 음악사에서 다양한 화성적 흐름이 몇몇 어휘로 축소되었다는 점에서 비판받기도 하였지만, 음악이 세세한 감정을 표현할 수 있는 예술임을 확실하게 보여준다고 할 수 있다. 이러한 시도는 현대에도 직간접적으로 계속되고 있다.

무한한 동경의 세계, 음악: 낭만주의 감정미학

19세기 낭만주의 시대로 접어들면서 감정은 새로운 차원에서 이해되었다. 감정이 더는 바로크 시대처럼 구체적이고 개별적인 것이 아니라 “우수에 가득 찬, 반은 달콤하고 반은 고통스러운”(바켄로더), 추상적이며 말로 표현할 수 없는 어떤 것으로 이해되기 시작한 것이다. 음악은 이제 인간의 가장 깊고 비밀스러운 감정을 표현할 수 있는 예술로 이해되었고, 이는 낭만주의 미학과 연결되어 나타났다. 낭만주의 예술이 추구했던 무한의 세계, 유토피아적 동경의 세계가 이제 감정을 통해서 가능하게 된 것이다. 감정만이 ‘무한성’의 문을 열어주고, ‘초월성’을 예감하게 할 수 있으며, 밤·꿈·죽음과 같이 현실과 대립을 이루는 세계 또는 개념적 경험으로 설명할 수 없는 예감·그리움·사랑을 나타낼 수 있다. 음악이 바로 이 세계에서 최고의 예술이 된 것이다.

E. T. A. 호프만Ernst Theodor Amadeus Hoffmann의 음악 소설 『크라이슬러리아나Kreisleriana』는 이러한 미학관을 잘 보여준다. 시인이며 법률가였지만 작곡가, 연주자, 음악 평론가 등 음악과 관련한 여러 분야에서 활동했던 호프만은 이 소설의 주인공인 요하네스 크라이슬러Johannes Kreisler를 통해 자신의 음악관을 피력하였다. 슈만Robert Schumann이 동명의 음악 작품을 발표할 정도로 이 소설은 19세기 낭만주의 음악과 밀

접한 관계를 맺고 있다. 소설의 주인공 크라이슬러는 그 이름이 말해주듯이(독일어의 'Kreis'는 원을 말하며, 'Kreisler'는 원을 중심으로 도는 사람을 의미한다), 한곳에 정착하지 못하고 방황하는 예술적 영혼의 소유자다. 크라이슬러는 음악적인 재능을 보였지만, 현실적으로 많은 난관에 부딪히게 된다. 왜냐하면 그는 "지나치게 자극되기 쉬운 감정과 파괴적일 때까지 타오르는 불꽃이 될 수 있는 판타지에, 너무 적은 양의 점액질이 섞여 있어서 균형이 깨졌기 때문이다."[12] 그래서 그는 현실에서 좌절하게 되고, 자신이 미치지 않을까 하는 두려움을 가지고 있기까지 했다. 그는 음악 레슨을 하면서 지내지만, 음악을 진정으로 이해하지 못하는 사람들 속에서 실망하게 되고 자신의 처지를 한탄한다. 그래서 항상 아웃사이더로 머물러 있다. 현실과 대립하여 크라이슬러가 추구하는 음악은 즐거움보다는 감동을, 이성보다는 감성을 추구한다. "숙모의 노래 순서가 되면 벌써 가슴부터 뛰었고, 숙모가 노래를 부르기 시작하면 슬프게 울었고", "피아노의 덮개 쪽을 향하여 머리를 두고, [⋯] 슬프게 나는 울어야 했다"[13]라는 그의 고백이 보여주듯이, 크라이슬러에게 음악은 무한성을 열어주는 역할을 하는 동시에 최고의 절대성을 상징한다. 그는 음악적·시적 상태로서의 절대성에 도달하기를 열망했던 것이다.

이처럼 음악을 감정의 표현으로 보는 19세기 감정미학의 바탕에서 음악이 이성을 초월한 신비한 세계를 나타낸다는 생각이 나오게 되었고, 이에 따라 음악은 모든 예술 가운데 가장 뛰어난 예술로 평가되었다. 음악이 이제 형이상학적 위엄을 부여받게 된 것이다. "음악이야말로 이 시대의 진정한 예술이다"라는 슐레겔K. W. Friedrich Schlegel의 진술이 이러한 맥락을 잘 요약한다. 또한 음악을 추상적인 감정으로 보는 이러한 견해는 음악이 표현하는 대상이 구체적인 것으로부터 벗어난다는 점에서 (그 이전 시대를 풍미했던 모방미학과 비교해볼 때) 새로움을 강조하게 되어 '독창미학'의 논의를 낳았다. 이는 또한 창조하는 주관의 능력을 매우 중시한다는 점에서 '천재미학'과 연결되며, 구체적 개념이 배제된 '절대음악'을 강조하는 사고와 연관을 맺게 되었다.

감정의 인지와 환기: 현대의 감정미학

'음악은 감정의 예술'이라는 생각은 현대에도 음악을 설명하는 강력한 논리로 전개되었다. 영미권의 철학 분야에서는 음악에서 표현될 수 있는 감정의 가능성 및 청중에 미치는 감정적 영향을 인지론과 환기론으로 전개하였다. 인지론적 입장을 대변하는 키비Peter Kivy는 칸트와 한슬리크Eduard Hanslick의 영향을 받은 형식주의 미학을 토대로 감정의 표현 문제를 다루었다. 그는 "음악의 표현적 속성은 순전히 음악적인 속성이며 따라서 순전히 음악적인 방식으로 이해되어야 한다"라는 전제하에 음악이 특정한 감정을 제한적으로 표현할 수 있지만, 음악이 청중의 감정에 영향을 미치는 것이 아니라 음악에 표현된 감정은 오직 발견되거나 인식될 수 있을 뿐이라고 주장한다.[14]

키비는 음악을 듣고 우리가 슬픈 감정을 느낄 경우, 음악이 우리를 슬프게 하기 때문에 슬픈 것이 아니라 우리가 음악에 표현된 슬픔을 인지하기 때문이라고 말한다. 베토벤Ludwig v. Beethoven의 〈영웅 교향곡 제2악장 '장송 행진곡'〉을 듣고 우리가 슬프다고 느끼는 것은, 이 곡에 표현된 속성이 '슬픔'이라는 감정이기 때문이지 "그것이 우리를 슬픔이라는 주된 감정으로 데려가지는 않는다"는 것이다.[15] 그렇다고 키비가 음악에 모든 종류의 감정이 표현될 수 있다고 본 것은 아니다. 그는 "음악이 일반적 감정general emotion을 소유할 수 있지만, 특정한 감정specific emotion을 소유할 수는 없다"라고 말하면서, 음악에 표현되는 감정이 제한적임을 명확히 하였다. 또한 "음악에 의해 감동을 받는 것과 우리가 음악에 대해 감정적인 용어로 기술하는 것은 각기 독립적인 현상"이라고 주장하면서, 음악의 감정적 측면과 (그가 '감동'이라고 표현한) 음악의 미적 의미는 별개의 것이라고 말한다. 이러한 맥락에서 키비는 한 작품, 예를 들어 브람스Johannes Brahms의 교향곡에서 인지하게 되는 '감동'에 대해 다음과 같이 설명한다.

> 내가 브람스의 〈교향곡 제1번〉 마지막 악장에서 감동을 받고 흥분되는 것은, 무엇보다도 작곡가가 (도입부에서) 비통함, 불안, 기대 등의 표현적 속성을 음악적 구조 속에 구현하고는 적절한 순간에 영광스러운 기쁨으로 가득 찬, 그러나 체념적이고 고요한 C장조의 주제를 드러내는 아름다운 방식 때문이다.[16]

즉 키비는 우리가 음악에서 감정을 느낄 수 있는 것은 음악에 표현된 그것을 인지하기 때문이며, 음악은 결코 감정을 불러일으키는 대상이 아니라고 주장하였다.

반면 환기론적 입장을 대변하는 로빈슨Jenefer Robinson은 음악이 특정 감정을 표현할 수 있을 뿐 아니라 청중에게 감정적 영향을 미칠 수 있다고 주장하면서, 청중에게 나타나는 감정적 영향을 중요한 연구 대상으로 삼았다. 음악에서 청중이 얻을 수 있는 다양한 감정적 경험을 연구한 로빈슨은 인지적 판단을 포함하지 않는 감정적 상태가 존재한다고 보며, 이러한 "거칠고 즉각적인" 감정을 음악에서 경험할 수 있는 중요한 요소로 정당화하였다.[17] 로빈슨은 음악에서 경험되는 감정은 "고정된 무엇이 아니라, 하나의 과정, 사건들의 연쇄"라는 점을 강조하면서, 감정 경험에 따른 신체적 변화도 중요하게 여긴다. 또한 여기서 야기되는 기분의 환기 역시 청중이 음악을 통해 경험할 수 있는 중요한 요소임을 인정해야 한다고 주장한다.

더 나아가 로빈슨은 음악이 어떤 예술보다도 감정을 잘 반영할 수 있다고 주장하는데, 감정이 연속적 흐름 안에서 일어나는 하나의 과정으로 이해되듯이 음악도 연속적 흐름을 이루는 일련의 과정으로 간주되기 때문이다. 로빈슨에 따르면 "음악은 한숨짓거나 울부짖을 수 있고, 냉담하게 굳어버리거나 야단법석 칠 수 있다. 음악은 위협적으로 몰래 다가설 수 있고, 성난 듯이 활보할 수도 있다."[18]

그러나 로빈슨에게 더욱 중요한 것은 음악이 감정 안에서 일어나는 변화와 정서적 경험의 흐름을 반영할 수 있다는 것으로, 이러한 감정의 흐름은 화성과 선율, 리듬의 움직임을 통해 나타난다고 보았다. 로빈슨은 브람스의 가곡 〈나의 잠은 고요해지고Immer leiser wird mein Schlummer〉(1886-1888)와 〈피아노 간주곡 Op. 117, No. 23 Intermezzi Op. 117〉(1892)의 분석을 통해 "리듬은 심장의 동요를 표현하고 단조에서 장조로의 변화는 불행에서 행복"으로의 흐름을 드러낸다고 하면서, 감정의 표현과 환기를 구체적으로 설명하였다.[19] 즉 로빈슨은 음악이 특정한 감정을 표현하고 환기할 뿐만 아니라 행복과 불행, 고통과 번민 같은 고차원적인 감정도 환기할 수 있다고 주장하였다.

이처럼 수천 년 동안 지속되어온 음악과 감정의 문제는 시대에 따라 중심점과 접근 방식이 달라졌지만, 여전히 음악을 이해하는 핵심적 문제로 자리 잡고 있다. 오르페우스는 슬픈 감정을 음악으로 표현하며 지옥의 신들을 감동시켰고, 슈만은 클라라에게 음악으로 사랑을 고백하였으며,

브리튼은 레퀴엠으로 전쟁에서 죽은 친구를 위로하였다. 그 감정은 구체적일 수도 있고, 말로 표현할 수 없는 것일 수도 있으며, 인지될 수도 있고, 환기될 수도 있다. 분명한 것은 음악이 인간 내면의 감정을 끌어내는 예술이라는 점이다.

음악의 시간은 다르게 흐른다

- 모차르트의 〈피가로의 결혼〉과 음악적 시간성

'음악은 시간 예술'이라고 흔히들 말한다. 음악의 재료인 '음tone'이, 울리는 짧은 순간에 자신의 모습을 드러내고 바로 사라지기 때문일 것이다. 이러한 음악의 시간적 속성은 아마 연주자가 누구보다도 절실하게 경험했을 것이다. 한 성악가가 아무리 오랫동안 또 아무리 성실하게 연습했다고 하더라도, 공연 당일 바로 그 연주의 순간에 자신의 기량을 펼치지 못하면 그동안의 연습은 물거품이 되고 만다. 오랜 시간과 고민을 거쳐 지우고 또 지우면서 완성한 작곡가의 작업에 비해서, 연주는 이처럼 순간에 빛을 드러내는 시간적 속성이 있다.

또한 음악적 시간성은 일상의 시간을 넘어서는 새로운 차원을 연다. 프랑스의 실존주의 철학자 사르트르Jean-Paul Sartre는 『구토』에서 말한다. "멜로디는 그렇게도 먼 - 그렇게도 먼 배후에 있다. […] [축음기의] 판은 금이 가고 닳았으며, 가수는 아마 죽었을 것이다. […] 그러나 과거도 미래도 없이 하나의 현재에서 다음의 현재로 떨어져 가는 존재하는 것의 배후에, 매일매일 해체되고 벗겨지고, 죽음을 향해서 미끄러져 가는 그 소리 뒤에, 멜로디는 사정없는 증인처럼 젊고, 힘차게 그대로 남아 있는 것이다."[20]

순간에 울리는 음을 통해 자신의 존재를 드러내는 음악은 아이러니하게도 현실적 시간의 유한성을 넘어서는 가능성을 가지고 있다. 이처럼 우리가 음악의 본질을 논할 때 '시간'이라는 문제는 비켜 갈 수 없는 중요한 요소이고, 그래서 음악과 시간의 밀접한 관계는 많은 철학자와 음악가들에게 관심의 대상이었다.

●○ 음악듣기

모차르트Wolfgang A. Mozart (1756-1791)**의 〈피가로의 결혼**Le Nozze Di Figaro〉(1786) **중 이중창 '산들바람에'**

영화 〈쇼생크 탈출〉을 보면 교도소의 수많은 죄수가 순간적으로 하던 일을 멈추고 갑자기 들려오는 음악 소리를 들으며 정지해 있는 장면이 있다. 그 음악은 모차르트의 오페라 〈피가로의 결혼〉 중 백작부인과 수잔나가 부르는 아리아 '산들바람에'(일명 '편지 이중창')였다. 이 장면이 인상적이었던 것은 수많은 사람이 음악에 몰입하여 마치 다른 세계에 있는 듯한 모습을 보여줬기 때문이다.

여기에 "아주 짧은 순간이었지만 쇼생크의 모든 사람들은 자유를 느꼈다"라는 멘트가 음악의 의미를 한층 부각하였다.

바람둥이 백작을 둘러싼 해프닝을 아름다운 음악으로 구현한 모차르트의 오페라 〈피가로의 결혼〉은 4막으로 구성된 근 4시간짜리 오페라지만, 그중 짧은 노래 하나만으로도 청중을 사로잡는다. 〈쇼생크 탈출〉의 이 장면은 음악이 울리는 그 시간이 객관적 시간으로 남아 있는 것이 아니라, 일상의 시간을 넘어 우리 마음에 오래오래 강하게 남아 있다는 사실을 실감하게 해준다.

"영원이란 어느 정도의 시간인가요?" 루이스 캐럴Lewis Carroll의 소설 『이상한 나라의 앨리스』에서 앨리스가 묻는다. 그러자 토끼가 답한다. "때로는 단 1초가 영원이 되기도 하지." 쇼생크 교도소에서 모차르트의 아리아를 들었던 짧은 시간에 사람들은 그 '영원'을 느끼지 않았을까?

일상적 시간, 예술적 시간, 음악적 시간

우리는 시간 속에서 살고 시간의 흐름을 경험하며, 또 시간은 우리를 변화시킨다. 흥미로운 점은 일상의 시간과 예술의 시간이 다르고, 예술의 시간 중에서도 음악의 시간은 또 다른 특성을 가진다는 것이다. 과연 음악적 시간이란 어떤 것일까?

시계에 나타나는 일상의 시간은 객관적 수치로 측정되고 계산되는데, 이러한 시간관은 무엇보다도 근대물리학의 문을 연 뉴턴Isaac Newton의 이론에 근거한다. 그는 물리학적으로 의미 있는 시간을 '절대적·진정한·수학적 시간'으로서 '무한하고, 균질적이고, 연속적이고, 어떠한 감각적 사물이나 운동에서도 완전히 독립적인 그 자체로 존재하는 것'으로 보았고, 시간의 부분들의 순서는 불변적이라고 못 박았다. 그렇지만 우리에게 이러한 시간만 있는 것은 아니다. 시간은 우리에게 충만하게 또는 공허하게, 짧게 또는 길게 느껴진다. 시간은 우리가 그 안에서 경험할 때만 존재한다. 즉 '객관적이면서 동시에 주관적'이라는 점에서 시간은 역설적이라고 할 수 있다.

이렇게 여러 개의 얼굴을 지닌 '시간'은 예술에서 독특한 차원을 형성한다. 우선 예술은 시간의 흐름을 넘어서는 힘을 가지고 있다. 보통 시간의 흐름은 '화살'로 비유되는데, 활을 벗어난 화살이 앞으로 빠르게 나아가듯이 시간도 과거에서 현재를 거쳐 미래로 진행되는 단單방향성을 보이기 때문이다. 그러나 시간의 이러한 특성은 예술에서 극복된다. 예컨대 레오나르도 다빈치Leonardo da Vinci의 〈모나리자〉는 모나리자가 나이가 들어 늙어도 여전히 아름다운 미소를 간직하고 있는 듯한 모습을 보여준다. 예술에서는 빠르게 흘러가는 시간을 붙잡아둘 수도 있고, 돌이킬 수도 있는 것이다. 이처럼 예술은 '비가역적 시간성'을 보여준다.

토이니센Michael Theunissen은 예술을 통해 선적이며 객관적인 시간에서 벗어난 일종의 '현재'를 경험하게 되며, 여기서 경험하는 현재는 "과거·현재·미래의 역사적 연속성에서 나온 현재이며, 바로 그렇기 때문에 그 자체로서 존재하는" 독특한 것이라고 본다.[21] 또한 주목할 점은 일상의 시간이 목적을 위한 시간, 즉 공부하거나 돈을 벌기 위해 노동하는 시간이라면, 예술에서의 시간은 특정한 목적에서 벗어나 그 자체로서 의미를 갖고 있다는 것이다. 이러한 측면에서 예술에서 경험하는 시간은 일종의 유희das Spiel(놀이)로서, 그 자체로 존재의 의미를 지닌다. '밥이 나오지 않고 떡이 나오지 않는' 그런 시간이 예술에 존재하는 것이다.

여기서 한발 더 나아가, 음악의 시간은 특별하다. 헤겔·베르그송Henri Bergson·가다머Hans-Georg Gadamer·아도르노Theodore W. Adorno 등 많은 철학자가 음악의 시간성에 주목하였고, 음악이 순수한 시간 예술이라고 보았다. 예를 들어 헤겔은 음악의 시간성을 언급하면서 먼저 음악의 기본 재료가 되는 '음'에 주목하였다. 그는 '음'이 진동하는 지점에서만 존재하고 곧 사라지기 때문에, 모든 외적인 공간성을 부정하고 그다음에는 자기 자신을 부정한다고 보았다. 그리고 바로 이러한 음의 특성이 '이중의 부정성'을 가지며, 그 결과가 '음악의 시간성'이라고 보았다.[22]

이러한 음악의 존재 방식, 즉 음악의 시간성은 헤겔에게 음악을 이해하는 중요한 열쇠가 되었다. 왜냐하면 그가 음악의 가장 중요한 특성으로 규정한 '내면적 주관성'은 시간성과 관련이 있기 때문이다. 헤겔은 음악이 주관성이라는 주제를 외형적 대상의 다양성으로 드러내지 않고, '무대상성Gegenstandslosigkeit'으로 드러낸다고 하면서, 음악이 가장 내면적이며 가장 추상적인 특성을 지닌다고 말했다. 음악의 시간성을 통해 음악은 우리 내면세계의 흐름에 동참하게 되며, "소리 내면서 순식간에 지나가는 음의 세계는 귀를 통해 직접 마음Gemüt으로 들어와 영혼이 이에 공감하는 느낌sympathischen Empfindungen을 지니도록 한다."[23] 즉 음악은 시간성을 통해 내면적 주관성의 예술로 규정되었다고 볼 수 있다.

이러한 맥락에서 음악을 시간성의 예술로 접근할 수 있는 근거는 크게 세 가지로 압축할 수 있다. 첫째, 음악은 객관적인 시간 속에서 진행되는 예술이다. 모차르트의 〈피가로의 결혼〉을 감상하려고 할 때, 이 작품은 총보로 기록되어 있어 (마치 문학 작품을 읽듯이) 눈으로 볼 수 있지만 이러한 '독서'는 몇몇 전문가를 제외하면 별 의미가 없다. 이 곡이 비로소 소리로 울리는 바로 그 순간, 우리는 이 작품과 만나게 되는 것이다. 〈피가로의 결혼〉을 예술의 전당 오페라하우스에서 감상하든지 아니면 핸드폰을 통해 유튜브에서 듣든지 간에, 작품을 듣는 그 시간에 이 음악이 존재하는 것이다. 울리는 음은 시간을 필요로 할 뿐만 아니라 시간의 울림이며, 잠재적으로 끊임없이 이어지는 시간 속에 존재한다.

둘째, 음악의 시간은 경험으로 축적된 '체험의 시간'이다. 물리적 시간과 함께 시간에서 중요한 측면은 심리적 시간이며, 우리가 마음속에서 느끼는 이 심리적 시간은 예술에서 특히 중요한 의미가 있다. 음악에서의 시간은 소리나 침묵의 출현을 위한 형식이 아니라 우리의 구체적 체험의 대상이며 내용이다. 그러므로 음악적 시간은 청자가 생생하게 경험하는 체험의 시간이다. 음악에 열중하면서 자기 자신의 충만한 본질을 체험해본 사람이라면, 시공간을 넘어서는 음악적 체험의 시간이라는 표현에 쉽게 공감할 수 있을 것이다. 이러한 음악적 체험의 순간은 '영원성'을 느끼게 하기도 한다.

셋째, 음악은 음향적 재료를 시간 속에 조직하고 고정하는 예술, 즉 '시간의 조직체'다. 스트라빈스키Igor Stravinsky가 "음악은 음을 시간 속에서 조직하는 예술"이라고 규정하였듯이, 음악적으로 형성된 모든 음의 연속, 음향의 연속, 소음의 연속은 형성된 시간이며 조직되고 작곡된 음악적 시간이다. 템포와 리듬, 빨라지기와 느려지기, 정지 상태와 갑작스러움 등을 통해 음악에서 시간의 진행이 분절된다. 따라서 작곡은 '음향적 재료를 시간의 형태로 만드는 것'이라고 말할 수 있다. 음악은 이렇게 측량 가능한 객관적 시간과 주관적으로 체험되는 시간이 함께 작용하는 예술이며, 이를 통해 음악은 자신의 '독자적인 시간'을 만들어낸다.

음악적 시간의 이러한 특성은 다양한 영화에서 찾아볼 수 있다. 일본 애니메이션 〈시간을 달리는 소녀〉(2006)

는 바흐의 〈골드베르크 변주곡Goldberg Variations〉(1741)을 주제로, 타임리프를 통해 과거로 돌아갈 때마다 변주를 활용하여 시간의 회귀적 변형을 형상화하였다. 대만 영화 〈말할 수 없는 비밀〉(2007)에서는 피아노 연습실에 울려 퍼지는 한 음악이 과거로 이어지는 통로를 열어준다. 크리스토퍼 놀런Christopher Nolan 감독의 영화들도 빼놓을 수 없다. 시간의 측면에서 〈인셉션〉(2010)을 '시간의 중첩'으로, 〈덩케르크〉(2017)를 '시간의 수렴'으로, 〈테넷〉(2020)을 '시간의 공존'으로 보기도 한 것처럼[24] 놀런 감독의 영화에서는 시간이 중요한 의미를 가지며, 여기서 음악의 역할은 더욱 특별하다. 작곡가 한스 짐머Hans Zimmer는 〈인셉션〉에서 반복 기법을 토대로 한 점진적인 음악적 극대화 기법과 에디트 피아프Édith Piaf의 노래 〈난 아무것도 후회하지 않아요Non, Je Ne Regrette Rien〉를 통한 상징성을 활용하였고, 〈덩케르크〉에서는 드라마틱한 반복의 확대 기법과 시계 초침을 활용해 시간성을 드러냈다. 그리고 〈테넷〉의 음악을 맡은 루트비히 고란손Ludwig Göransson은 미니멀음악을 연상시키는 반복 기법을 활용하고, 음악에서 많이 활용되는 전위Inversion 기법을 영화 주제가 되는 시간의 전위와 접목했다. 이렇게 음악과 시간의 연결고리는 예술의 다양한 영역에서 생동감 있게 형상화되고 있다.

목적론적 시간과 머무름의 시간: 베토벤과 슈베르트

우리는 어떤 작품을 접하면서 때로는 시간이 역동적으로 전진하는 느낌을 받고, 때로는 정지해 있는 인상을 받기도 한다. 이러한 특성은 일차적으로 '리듬'에서 나타난다. '시간이 구체적 현상으로 나타난 것'으로 이해되는 리듬, 그리고 이를 정렬한 '박자'는 음악이 '시간을 분절하는 일종의 표현 방식'이다. 물론 리듬뿐만 아니라 다양한 요소가 음악적 시간성 형성에 관여한다. 즉, 음악의 리듬과 함께 화성 진행과 조성 변화, 형식 구성, 모티브 전개, 악기 편성 등 다양한 요소가 복합적으로 작용한다. 이러한 요소들을 통해 음악 작품에서 접하게 되는 구체적인 시간성의 유형을 베토벤과 슈베르트Franz Schubert를 통해 살펴보자. 이 두 작곡가는 조성음악을 바탕으로 한 전통적인 고전·낭만음악을 대변하지만, 서로 다른 유형의 시간성을 흥미롭게 보여주기 때문이다.

베토벤의 음악에서 우리는 보통 활기차고 역동적인 진

행을 느끼게 된다. 그래서인지 베토벤의 음악은 "목적 지향적 시간성"(달하우스Carl Dahlhaus), "피날레 지향적 시간성(모테-하버Helga de la Motte-Haber)"으로 불린다.[25] 베토벤 음악의 어떤 특성이 이러한 시간성과 연결될 수 있을까?

우선 베토벤의 시간성은 주제·모티브 발전 기법에 근거한다. 베토벤 작품에 제시되는 주제는 보통 작고 동적인 성격을 가진 모티브로 구성되어 곡 전체에 지속적으로 등장하며 중심적 역할을 한다. 즉 중심 주제가 반복·변주·확대·축소되면서 긴장 곡선을 끌어내며 음악적 진행을 계속 '추구'하고 '돌진'의 회오리로 향하게 하고, 잠시 휴식을 하기도 하고 길게 늘어지기도 한다. 그러다가 이 주제가 곧

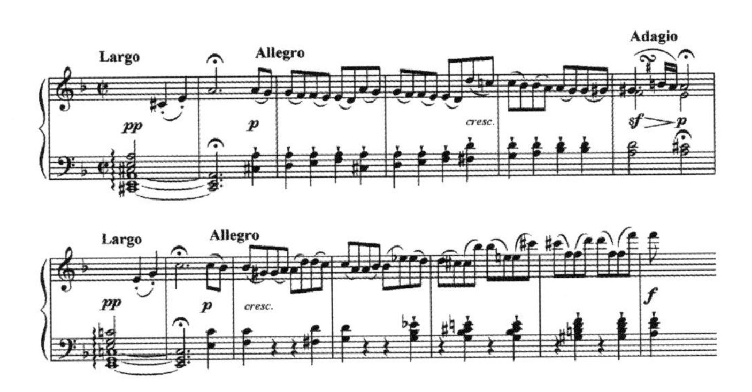

베토벤, 〈피아노 소나타 제17번 Op. 31 No. 2 '템페스트'〉 마디 1-13

다시 새로운 힘을 지니고 나타나 음악적 진행을 힘차게 이끌어간다. 또한 주제뿐 아니라 화성적 측면에서도 앞으로 나아가는 '극적이고 발전적'인 특성을 보인다. 반복을 통해 동일한 화성에 머무르기보다는 화성의 기능적 관계 속에서 변화하며 진행감을 끌어내기 때문이다. 전악절과 후악절의 구조적 구성과 예측 가능한 프레이즈 구성 역시 앞으로 나아가는 베토벤 음악의 성격을 드러낸다. 예를 들어 《피아노 소나타 템페스트》는 중간에 삽입된 정적인 구조와의 대비가 시간적 전진을 더욱 뚜렷하게 보여주는 경우라고 할 수 있다.

베토벤 음악에서 드러나는 이러한 역동적인 시간성은 최종적으로 곡의 종결구를 향하는 특징을 보인다. 악장의 종결구 또는 곡 전체에서 마지막 악장이 이러한 진행의 목적지가 되는 것이다. 그래서 달하우스는 베토벤 교향곡의 제1악장에서 나타난 특성을 "목적 지향적" 진행이라고 말하며, 이것이 "음악적 시간성의 극치"를 보여준다고 주장한다. 베토벤의 교향곡 마지막 부분에 나타나는 극적인 종결구는 "목적을 향해 발전해가는 직선적인 시간성"의 발현이라고 볼 수 있는 것이다. 이와 같이 베토벤의 음악은 '정지' 또는 '머무름'보다는 계속해서 앞으로 나아가는 '과정적' 성격을 가지며, 이것이 시간의 역동성을 드러내는 중요한 요소라고 할 수 있다.

반면 슈베르트의 음악은 힘차게 앞으로 나아가기보다는, 한곳에 머무르거나 그 주위를 순회하거나 정지하는 느낌을 준다. 그래서 슈베르트의 음악은 (베토벤 음악에서 나타나는 목적론적인 시간성에 대립되어) "고요히 머무르는 시간", "정체된 시간", "순환하는 시간" 등으로 논의된다.[26] 슈베르트의 어떤 음악적 특성이 이처럼 독특한 음악적 시간성을 드러낼까?

먼저 주목되는 특성은 슈베르트 음악에서 동일한 요소의 반복이 자주 발견된다는 점이다. 즉 주제가 제시되고 발전되면서 긴장 곡선을 만들어가기보다는 반복을 통해 시간이 머물러 있는 듯한 인상을 준다. 더욱이 그의 작품은 대부분 "천상의 길이"(슈만의 평)라고 할 만큼 길기 때문에 이러한 진행이 길게 이어지면서 '정체된 시간성'이 더욱 부각된다. 예를 들어 〈피아노 소나타 B♭장조 제1악장Piano Sonata in B-flat Major, D. 960〉(1828)의 경우 유사한 리듬과 화성이 제1악장에서 계속되며, 〈세 개의 피아노 작품 C장조 D. 946

슈베르트, 〈피아노 소나타 제21번 Bb장조 D. 960〉 마디 1-9

3 Klavierstüke〉(1828)의 중간 부분에서는 하나의 리듬 모델이 무려 76번이나 반복되기도 한다. 이러한 동일함의 반복은 마치 '시간이 정지'하거나 '시간이 사라지는' 듯한 느낌을 준다.[27]

또한 슈베르트 음악에서 빼놓을 수 없는 독특함은 갑작스러운 휴지부와 갑작스러운 진행이다. 즉 시간의 흐름이 쉼표로 갑자기 중단되면서 연속적으로 앞으로 나아가지 않고 오히려 후퇴한다고 볼 수 있다. 앞으로 나아가는 시간성은 슈베르트에게는 낯선 것이다. '슈베르트적 우울'로 표현되는 이러한 특성은 그의 음악의 분위기를 결정하는 중요한 요소다.

이처럼 베토벤과 슈베르트의 음악 작품은 각각 개성 있는 시간성을 창출한다.

해체된 시간: 케이지의 〈4분 33초〉

20세기 이후 음악의 양식적·미학적 변화가 급격하게 나타나면서, 음악의 시간성 역시 커다란 변화를 겪게 되었다. 현대음악에 나타난 시간성의 새로운 차원은 케이지John Cage의 〈4분 33초〉(1952)에서 등장하였다. 무대에 등장한 피아니스트가 주어진 물리적 시간 동안 한 음도 연주하지 않고 정확하게 시간에 맞추어 퇴장하는 이 작품은, 일차적으로 작곡가에 의해 구조화된 시간이라는 전통적인 의미를 부정한다. 베토벤과 슈베르트의 예에서 볼 수 있듯이 목적론적 시간이든 머무름의 시간이든 음악적 시간이 '작곡된 시간'이며 '분절화된 시간'이라면, 침묵의 소리를 통해 케이지는 이러한 전통을 전면적으로 거부하였다.

동시에 이 작품은 박절적 구조에 따라 나타난 음악의 '예측 가능한 시간성'도 부정한다. 우연성을 음악에 도입하면서 케이지는 작곡가의 의도나 목적에서 해방된 새로운

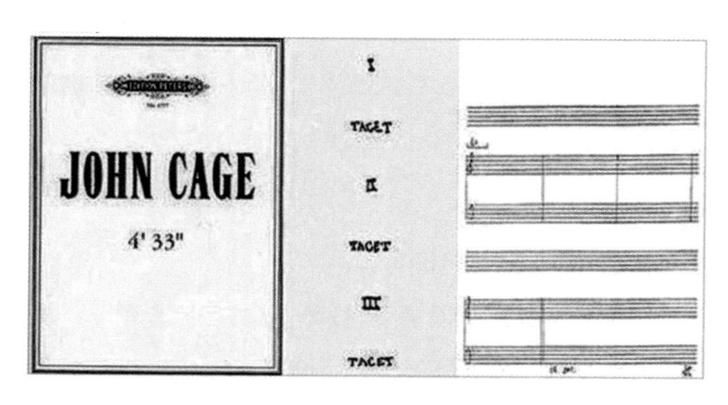

케이지, 〈4분 33초〉

음악 작품론을 실현하였다. 케이지에 따르면, 이 곡은 비의도적이려는 의도 외에는 아무 의도 없이 만든 '목적적 무목적성'의 음악이기 때문에 완성보다는 과정에 치중한다. 이러한 음악 작품은 어떻게 전개될지 예측할 수 없기 때문에 필연적으로 실험적이며, 똑같이 반복될 수 없기에 필연적으로 유일하다.

이렇게 〈4분 33초〉는 전통적 시간 개념을 혼란에 빠트렸다. 지금까지 음악을 시간의 연속성으로 이해했지만, 이제 그 연속성이 연주자의 자유로운 의지에 따라 완전히 뒤죽박죽되었기 때문이다. 이처럼 케이지에게 음악적 시간은 더 이상 고전적 서구 음악에서처럼 시간을 창조하는 개별체의 논리적 조정을 통해 구성되지 않는다.[28] 즉 음악의 시간성이 작품의 구조와 관련이 있는 만큼, 전통적 작품성이 와해된 우연성 음악에서는 전통적 시간성이 '와해'되었다고 볼 수 있다.

그렇지만 전통적 시간성의 소멸은 케이지에게 새로운 차원을 열어주는 계기가 되었다. 그는 우연성 음악을 통해 한 작품의 연주가 반복되지 않는 특징을 형상화하면서 똑같이 반복될 수 없는 새로운 시간성, 즉 '유일한 음악의 시간성'을 새롭게 제시하였다. 동시에 케이지는 '구조화된 예술적 시간' 대신에 '물리적 시간'으로의 복귀를 시도하였다. 그래서 그의 음악에서는 예술적 시간을 만들어내는 지휘자 대신 물리적 시간을 알려주는 '시계'가 등장한다. 피아니스트가 시계를 가지고 무대에 등장해 4분 33초 동안 '연주'를 하는 것도 물리적 시간을 명확하게 드러낸다. 케이지는 이처럼 시간성의 파괴가 새로운 시간성의 창조로 연결되는 아이러니한 경우를 보여준다. 역시 케이지답다.

정지된 시간과 영원성: 미니멀음악

현대음악에 나타난 아주 흥미로운 시간성은 미니멀음악에서도 발견된다.[29] 미니멀음악은 라우션버그Robert Rauschenberg의 〈화이트 페인팅White Paintings〉(1951)이나 라인하르트Ad Reinhardt의 〈블랙 페인팅Black Paintings〉(1963) 같은, 극단적인 단순성을 보이는 미니멀아트에서 영향을 받은 음악 경향을 가리킨다. 여기서 '미니멀(최소)'이라는 미학적 이념은 예술가의 주관적 의도의 축소와 형태의 단순화로 나타났다. 극도로 단순하고 객관적인 경향이 미니멀아트에서 기하학적 형태, 단 하나의 색깔, 대량 생산된 공업 재료의 선호로 나타났다면, 미니멀음악 작곡가들은 단 하나의 지속음이나 엄격한 반복, 변함없는 다이내믹과 빠르기 등을 활용하였다. 특히 '반복'은 미니멀음악을 특징짓는 중요한 요소가 되었다. 동일한 요소가 지속적으로 반복되면서 미니멀음악에서는 음악적 형식 구성의 원칙이 되는 기승전결의 진행, 긴장과 이완, 클라이맥스와 해결 등의 요소가 와해되기 시작하였다.

이처럼 미니멀음악은 음악의 흐름이 반복을 통해 계속 순환하면서 이어지며, 음악적 흐름의 마지막에는 어떤 목

ⓒAllan Grant

라우션버그, 〈화이트 페인팅〉

적에 도달하려 하지 않고 음악이 계속 흘러가도 상관없어 보이는 지점에서 갑자기 멈춘다. 이에 미니멀음악은 견고한 구조에 바탕을 둔 전통적인 작품 형식에서 탈피하게 되고, 이로 인해 음악 청취의 조건이 바뀐다. 건축적 구조가 느슨해진 미니멀음악에서 청중은 울리는 개개의 순간에 집중해서 청취할 수밖에 없는 상황에 직면하게 되며, 이에 따라 오랫동안 지속되는 음향의 흐름 속에서 시간의 제약이 없는 음악을 경험하는 것이다. 즉, 청중은 비슷한 유형의 소리를 계속 들으면서 명상의 세계를 경험하게 된다.

이러한 미니멀음악은 '정지된 시간성'을 느끼게 한다.

동일함의 반복 그리고 여기서 나타나는 점진적 변화는 앞으로 나아가기보다는 머무름을 형상화하기 때문이다. 순환적이든 목적 지향적이든, 음악의 진행에서 나타나는 시간성이 미니멀음악에서는 거의 정지되어 있는 것이다. 또한 전체 형식적 측면에서 긴장과 완화, 기승전결의 완결된 구조가 더는 존재하지 않는다는 점도 '시간의 정지'를 뒷받침해준다. 이러한 측면에서 보자면 미니멀음악은 작품을 유기체적 전체로 보는 전통적인 음악 형식론에 대한 거부이자 목적을 향한 발전적 개념을 가지는 작품론에 대한 거부이기도 하다. 이는 결국 주관성으로부터 해방된 음악관이라고 할 수 있다.

한편 '정지'는 사실 '영원성'이라는 새로운 시간성을 열어주기도 한다. "동일한 것이 노래되는 곳에서는 시간의 느낌이 사라진다"라는 쿤Clemens Kühn의 지적대로,[30] 미니멀리즘이 보여주는 '머무름을 통한 점진적 변화'는 심연으로 계속 파고들면서, 시간의 의식이 사라지는 차원으로 나아가는 것이다. 토마스 만Thomas Mann의 소설 『마의 산』에서 표현된 요양소의 삶이 미니멀리즘에서 나타나는 시간성과 유사하다고 할 수 있다.

언제나 똑같은 날이 반복된다. 하지만 늘 똑같은 날만 있으니, 사실 '반복'이라고 말하는 것도 꼭 정확한 것은 아니다. 오히려 천편일률성이나 정지해 있는 지금 혹은 영원에 관해 말해야 할 것이다. […] 시간의 형식들이 불분명해지고 서로 뒤섞여 흘러 들어가 실상의 존재 형식으로 드러나는 것은 전후의 넓이 없는 현재인 것이다.[31]

즉 미니멀음악은 전통적인 시간성이 해체되고 종결성의 요소, 즉 '끝난다'는 느낌이 사라지면서 머물러 있지만, 동시에 이는 '계속됨'을 드러낸다. 그래서 미니멀음악은 '끝없는 시간'을 가시화하며, 더 나아가 '시간의 해체'까지도 보여준다고 할 수 있을 것이다.

이러한 미니멀음악의 시간성은 '반복'의 미적인 의미를 새롭게 부각한다. 사실 반복은 지루함을 유발한다. 그럼에도 전통적인 음악에서는 변화에 대립되는 통일성을 구축하기 위해 반복 기법을 사용하였다. 그렇지만 미니멀음악에서의 반복은 이러한 전통적 의미를 넘어서는 새로운 미적 의미를 발생시킨다. 나루시테Agnė Narušytė는 지루함이 "일상생활과 문화, 존재의 심오한 구조들 사이의 연결을 보여주는 평범함의 전형a paradigm of the ordinary"이라고 말하며 지루함의 독특한 미학에 대해 논하였다.[32] 미니멀음악 역시 이와 유사하게 반복을 통해 머무름과 영원성이라는 새로운 시간성을 드러내면서 미적인 의미를 발생시키고 있다. 이러한 맥락에서 끊임없이 반복되는 미니멀음악의 진행은 새로운 시간성의 차원을 열어주며, 청자를 제3의 영역으로 이끈다고 할 수 있다. 시간의 진행이 일직선을 그으며 앞으로 나아가는 단방향성에서 벗어남에 따라 음악이 영원한 사유의 공간을 열어놓은 것이다.

음악,
말보다 더 유창한

– 슈베르트의 〈송어〉와 음악적 언어성

작곡가 하이든Joseph Haydn은 "전 세계 사람들이 내 음악을 이해한다"라고 자신 있게 말했다. 음악으로 소통할 수 있다는 믿음을 가지고 있었던 것이다. 외국어를 모르면 다른 언어권의 사람들과 소통하기 어렵지만 음악으로는 가능하기에, '음악은 만국 공통어'라고까지 일컬어진다. 음악은 과연 언어일까? 이 주제로 펼쳐진 토론의 장을 살펴보자.

A: 저는 음악이 언어라고 생각합니다. 흔히 음악을 '감정의 언어'라고 말하듯이, 기쁨과 슬픔, 사랑과 미움 등의 감정은 음악을 통해 표현되어 우리에게 감동을 주고 서로 교감할

수 있게 합니다. 최근 BTS의 노래를 전 세계 사람들이 함께 부르고 공감하는 것을 보면서 국경을 넘어서는 음악의 언어적 힘을 느낄 수 있었습니다.

B: 음악을 통해 서로 소통한다는 측면에서 음악이 언어라는 점에는 동의합니다. 그렇지만 음악의 언어는 일상적 언어와는 다르다고 생각합니다. 즉 음악에는 말로 설명할 수 없는 무한의 어떤 세계가 담겨 있다고 봅니다. 일상의 언어를 넘어설 수 있는 것이 바로 음악이죠.

C: 저는 음악이 언어라는 주장에 반대합니다. 음악을 언어로 보는 시각에는 음악이 무엇인가를 표현한다는 생각이 전제되어 있는데, 저는 음악이 어떤 대상성을 가지고 있지 않으며 음 자체를 내용으로 한다고 봅니다. 그래서 음악은 개념적 언어와는 유사하지 않으며 언어로 번역하기도 불가능한 것으로, 오로지 음들의 예술적인 세계 자체를 독자적으로 보여주는 예술이라고 봅니다.

실제로 음악을 언어로 보는 시각은 긴 역사를 가지며 다양한 관점에서 접근되었다. 언어의 주요 기능인 의사소통이나 메시지 전달이라는 측면이 음악에 적용되면서 음악과 언어의 유사성이 논의되었고, 반대로 음악의 고유한 특성이 중시되면서 이에 대해 비판적인 관점도 있었다.

세밀하게 보자면 음악과 언어의 관계는 두 가지 유형으로 나눌 수 있다. 하나는 '음악은 언어다' 또는 '음악은 감정의 언어다'라는 주장에서 나타나듯이 음악이 그 자체로서 '언어성'의 문제라는 유형이고, 다른 하나는 노래(가곡) 또는 오페라처럼 '음'의 예술인 음악에 언어(문학)가 첨가되어 형성되면서 나타나는 유형이다. 두 관점 모두 음악과 언어를 이해하는 중요한 시각이다.

● ○ 음악듣기

슈베르트Franz Schubert(1797-1828)의 〈송어Die Forelle〉(1817)

슈베르트는 괴테Johann W. v. Goethe, 하이네Heinrich Heine, 뮐러Wilhelm Müller 등 당대 문학가들의 시를 음악과 결합해 예술가곡Lied이라는 장르를 탄생시켰다. 언어와 음악의 조화가 절정을 이뤘다고 평가되는 그의 가곡은 고전적 단순성, 낭만적 부드러움, 깊이 있는 표현력을 가진 선율로 시의 표면적 내용과 내재적 의미를 음악적으로 형상화하였다. 슈바르트Christian Fr. Daniel Schubart의 시 「송어Die Forelle」는 강물에서 아름답게 헤엄치는 송어와 이를 방해하는 나그네의 모습을 표현하고 있는데, 이 시를 슈베르트는 생동감 있는 3연음부의 리듬과 3도 및 4도 음정의 서정적 선율

로 생생하게 표현하였다. 또한 변형장절가곡 형식을 사용하여 나그네가 송어를 잡으려 하는 상황을 극적으로 변화시켜, 시와 음악의 적절한 결합을 보여주었다. 슈베르트 가곡에서 언어가 음악과 결합하면서 새로운 아우라를 창출한 것이다. 이 가곡 선율은 슈베르트의 〈피아노 5중주Piano Quintet in A Major, D. 667, "송어Die Forelle"〉(1819) 제4악장에 주제로 사용되었다. 바이올린·비올라·첼로·더블베이스와 피아노로 이루어진 실내악곡에는 언어가 포함되지 않았지만, 주제로 사용된 선율 덕분에 송어를 연상하게 된다. 이처럼 뮐러의 시는 가곡에서뿐 아니라 실내음악에서도 음악적으로 형상화되었다. 시적 언어와 음악적 언어의 만남이 다양한 장르에서 독특한 예술성을 창출하고 있는 것이다.

음악은 언어다!

음악 자체의 언어성은 음악과 언어의 유사성이라는 측면에서 접근할 수 있다. 언어학은 '음성학phonetics, 의미론semantics, 통사론syntax'의 체계를 가지는데, 이는 음악에도 그대로 적용된다.

① 발음기관을 통해 '소리'로 드러나는 언어의 음향적 측면은 시간 속에 드러나는 음의 울림에 상응한다. 그렇지

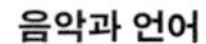

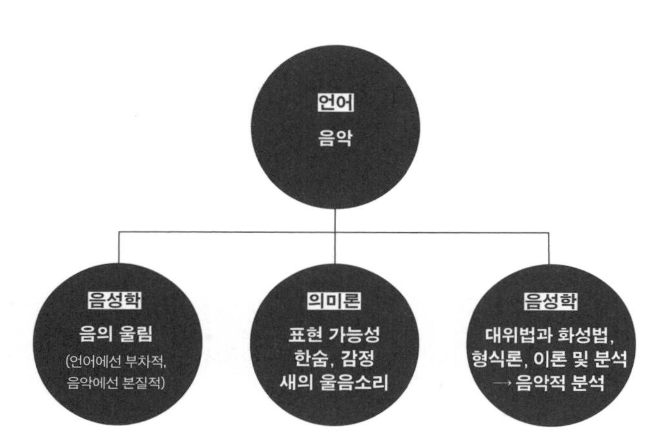

만 언어에서의 소리가 의미를 담은 일종의 수단으로서 역할을 하면서 부차적인 의미를 지니는 반면, 음악에서의 소리는 그 자체가 본질에 해당한다는 면에서 차이가 있다.

② 말과 글, 단어나 문장의 의미와 뜻을 연구하는 의미론은 음악의 표현 가능성과 직접적으로 연결된다고 볼 수 있다. 음악은 기쁨과 슬픔 같은 감정, 새의 울음소리와 천둥소리 같은 실제적 내용을 담을 수 있기 때문이다.

③ 언어의 구조적 토대를 이루는 문법 체계를 포함하는 통사론 역시 음악의 작곡 기법과 이론에 상응한다. 대위법

과 화성법, 형식론 그리고 이론 및 분석 등과 같이 음악 작품의 구조와 관련되는 다양한 측면은 언어적 문법처럼 '음악적 문법'이라고 칭해지기도 한다.

이처럼 음악을 언어로 보는 관점은 단단한 토대를 가지고 있는데, 그 출발점은 18세기 음악 이론가 마테존으로 거슬러 올라간다. 오늘날 흔히 사용하는 '음언어Ton-Sprache'라는 말을 처음 언급한 마테존은 기본적으로 음악을 감정을 표현하는 예술로 규정하였다. 이 전제하에 언어(가사)가 포함된 성악에서는 언어가 감정을 묘사하는 역할을 하며, 언어가 없는 기악음악에서도 "음정에 내재한 힘, 능숙한 악장 분할, 적절한 진행 등" 음악 내재적인 요소를 통해 감정적 묘사가 가능하다고 보면서 음악이 일종의 언어라는 시각을 제시하였다.[33]

마테존이 처음으로 음악을 언어에 비유한 이래 음악을 언어로 보는 시각은 18세기 후반부터 활발하게 논의되었다. 대표적인 이론가 포르켈Johann Nikolaus Forkel은 음악이 감정을 표현하는 예술로, 감정의 '보편적 언어'라고 규정한 음악학자다. 그는 언어에서의 문법적 요소를 음악에서는 화성과 선율이 담당한다고 보았다. 언어 표현이 문법적 논리를 통해서 나타난다면, 음악에서 화성은 선율적 표현을 가능하게 한다고 하면서 화성을 중요하게 보았다. "왜냐하면 화성은 (언어에서 논리가 표현에 대항하는 관계에 있는 것처럼) 선율에 대항하는 관계에 서 있기 때문이다." 즉 화성은 선율적 악절을 규정하고, 감정적 표현의 핵심을 이룬다. 반면 선율은 화성을 토대로 감정적 표현을 하는 요소로서, "언어가 사고의 옷인 것처럼, 선율은 화성의 옷"이다. 그리고 선율은 "인간 정서를 위한 참된 진실성"을 보여주는 것으로서, 선율에 정신적 성격을 부여한다. 이에 따라 언어에서 '사고의 진실성과 표현의 정당성'이 연결된 것처럼, 화성과 선율은 서로 분리될 수 없다.

더 나아가 포르켈은 수사학을 음악에 연결했고, 작곡과 연주 그리고 비평이라는 세 분야를 모두 수사학과 관련지어 논하였다. 한 예로 소나타 형식을 강연과 연결하여 설명한 것을 들 수 있다.

> 훌륭한 강연은 확실한 근거를 처음에 보여주고 그다음에 중간에서 약한 근거를, 그리고 마지막에 다시금 강한 근거를 보여주는 기술을 사용한다. 이러한 기술을 작곡가도 연설자

와 동일하게 사용해야 한다. 즉 작곡가는 자신의 작품에서 중심 악절 또는 표현적인 중심 감정을 가장 많이 강화시키고 우선적으로 보여주어야 하고, 그다음으로 덜 중요한 것을 그리고 마지막에는 다시금 가장 효과적일 수 있는 것을 보여주어야 한다.[34]

즉 포르켈은 음악을 '감정의 언어'라고 칭하면서, '합리적인 언어성'에 큰 비중을 두었다고 할 수 있다. 이러한 맥락에서 그는 음악 고유의 논리성을 '음악적 논리Musikalische Logik'라는 개념으로 설명하였고, 이는 이후 음악을 이해하는 데 중요한 키워드가 되었다. 음악을 언어와 유사하게 보는 관점에서는 음악이 언어와 같은 논리성을 가지고 있다는 점이 부각된 것이다.

마테존과 포르켈의 주장에서 알 수 있듯이, 음악의 언어성은 오랜 역사 속에서 논의되었다. 감정이라는 메시지를 전달한다는 측면과 언어적 문법 체계에 상응하는 음악적 논리라는 측면에서 음악은 명확하게 자체적 언어성을 가지고 있다고 할 수 있다.

음악의 언어화, 언어의 음악화: 음악과 언어의 결합

사랑 고백 장면을 상상해보자. '당신을 사랑합니다'는 흔하지만 쉽게 하기 어려운 말이다. 그래서 우리는 음악으로 그 마음을 전하기도 한다. 존 레넌John Lennon의 〈러브〉, 베토벤의 〈나는 당신을 사랑합니다Ich liebe Dich〉, 홍난파의 〈사랑〉, 동물원의 〈널 사랑하겠어〉 같이 가사가 있는 노래는 음악이 언어와 결합하여 서정적이면서도 명확하게 사랑의 마음을 표현한다. 이처럼 '음'이라는 추상적 재료와 개념적인 '언어'가 결합된, 이른바 '성악'은 뚜렷한 메시지를 전달하며 음악의 소통력을 강화한다.

언어와 음악이 결합한 것이 원래적 의미의 진정한 음악이라는 생각은 일찍이 고대로부터 시작되었다. 이는 음악의 어원인 그리스어 '무지케mousike'가 음악·시·춤이 일치된 개념이었으며, 플라톤적으로 하르모니아harmonia(규정된 음 관계)·리트모스rhythmos(무용적 움직임)·로고스logos(언어)라는 세 가지 요소가 동등하게 이해되었다는 것에서 잘 나타난다. 흥미로운 사실은 고대 그리스에서 음악과 언어를 묶어주는 것이 이 둘을 공유하던 리듬이었다는 점이다. 음악 고유의 리듬은 존재하지 않았고, 언어에 의해서 규정되었다.

이처럼 언어는 음악에서 핵심적인 요소였다.

이러한 맥락에서 음악에 언어가 내포된 것은 당연한 일이었고, 서양음악사의 시작과 발전의 초기에는 성악이 중심을 이루었다. 초대 기독교의 전례에서 언어와 음악의 일치를 지향하려는 노력이 시작되었는데, 이는 언어적 프레이즈에 선율의 진행을 맞춘 다양한 예배음악에서 발견된다. '언어의 음악화'와 '음악의 언어화' 과정이 시작된 것이다. 종교음악에서 음악과 언어의 관계를 심층적으로 연구한 게오르기아데스Thrasybulos Georgiades는 17세기에 접어들 때까지 언어를 음악화하는 작업이 역사적 흐름 속에서 음악의 주요 관심사였다고 말한다.[35] 즉 음악은 언어와의 연결을 통해 성장하였고, 이때 언어적 구조가 음악에 집약적으로 전이된 것이다.

이렇게 음악이 언어를 포함한다는 입장은 미학적으로 성악을 지지하는 방향으로 나아갔다. 계몽주의적 합리주의 시대에는 언어가 포함되지 않은 기악이 "소음"(달랑베르 Jean Le Rond d'Alembert) 또는 "공허한 울림"(루소)으로 평가되었다. 헤겔은 "모든 텍스트로부터뿐만 아니라 어떤 명확한 내용의 표현으로부터도 자유로워질 가능성을 가장 많이 가진 예술"이 음악이라고 보았지만, 단호하게 "기악은 공허하며, 의미가 없다"라고 주장하였다. 기악은 "모든 예술의 중심적인 면인 정신적 내용과 표현이 음악에서 없어지기 때문에 예술로 간주할 수 없다"라고 말하며 성악의 미적 의미를 높게 평가한 것이다.[36]

음악과 언어의 결합에서 작곡가들은 일차적으로 언어의 개념(의미)을 음악적으로 형상화하는 작업에 주력하였다. 초창기 성악음악이 주로 종교적 텍스트를 대상으로 하여 신앙심과 성스러움을 다루는 가사를 음악적으로 형상화하였다면, 이후에는 텍스트의 주제가 점차 넓어져서 문학적 대상으로 확대되었다. 특히 19세기 예술가곡(리트)은 당대 독일 문학의 발전을 토대로 하는 장르로, 시의 의미를 다층적으로 표현하는 것이 관건이었다. 슈베르트의 가곡 〈실 잣는 그레첸Gretchen am Spinnrade〉(1814)에서는 물레로 실을 뽑는 모습을 피아노 리듬 패턴의 반복으로 형상화하고, 〈송어〉에서는 물에서 송어가 활기차게 헤엄치는 모습을 나타낸 것에서 잘 드러나듯이 '시'의 내용이 회화처럼 음악으로 묘사된 것이다. 또한 여기서 한발 더 나아가, 음악은 가사의 단어 하나하나를 창조적·음악적으로 해석하여 문학이 가지고 있는 시적 의미를 더욱 확대하였다. 슈베르트는 가사의 심리적 특성을 화성의 다양한 변화, 전조와 불협화음의 사용 등으로 드러냈고, 시의 극적인 성격을 화성과 선율 그리고 리듬을 통해서 전면적으로 드러냈다.

그렇지만 작곡가들은 가사에 종속되어 머물지 않았고, 음악의 주체적인 시각에서 시를 해석하고자 하였다. 현대 음악의 대표적 작곡가 쇤베르크Arnold Schönberg의 지적이 이러한 측면을 잘 보여준다.

> 몇 년 전 나는 스스로 잘 알고 있다고 여겼던 슈베르트의 가곡에 대해 실상 시의 본질을 전혀 모르고 있었다는 사실을 알고 아주 부끄러워한 적이 있다. 그러나 내가 그 시를 읽었을 때, 시를 읽는다는 것이 이 가곡들을 이해하는 데 아무 역할도 하지 않는다는 점을 깨달았고, 그래서 음악에 대한 나의 강연 발표 내용을 수정할 필요가 조금도 없다는 것을 알게 되었다. 오히려 이를 통해 알게 된 것은, 시를 모르고도 시의 내용, 특히 그 진실한 내용을 훨씬 깊이 있게 파악할 수 있었다는 점이다. 내가 만일 시의 단어가 가진 표면적인 의미에 집착했다면 그 점을 놓쳤을 것이다.(쇤베르크, 1912)

이처럼 언어와 음악이 결합하면서 한편으로는 언어의 힘이 강화되었고, 다른 한편으로는 음악의 힘이 강화되었다. 개념적 시는 음악을 통해 새로운 의미를 부여받게 되었고, 음악은 언어와 연결되면서 보다 구체적이고 강력한 의미와 영향력을 가지게 된 것이다. 또한 언어와 결합함으로써 의미를 함축·표현하고 이를 청중에게 전달하여 감동을 불러일으켰다. 이렇듯 음악의 언어성은 음악의 가능성과 예술성을 확대하는 역할을 한다고 할 수 있다.

'음악, 말보다 더 유창한': 음악과 언어의 결별

고전 시대에 기악, 예컨대 피아노 소나타·현악 4중주·교향곡 같은 장르가 나타나면서 언어적 측면에서 이들에 대한 의구심이 제기되었다. 과연 언어가 없어도 음악이 가능할까? 하지만 '언어와의 결별'을 보여주는 기악의 자체적인 예술성이 인정되기 시작하였고, 오히려 예술적 가치의 측면에서 성악을 역전하는 양상이 나타났다. 음악에서 언어가 사라지면서 오히려 음악의 힘이 강화되었다고 보는 시각이 대두한 것이다. 이러한 근거는 음악의 고유한 특성인 '추상성'과 '독립성'을 통해 정당화되었다.

음악에 나타나는 추상성의 측면을 부각한 것은 낭만주의 문학가들이었다. 바켄로더는 음악을 우리의 일상적 언어로는 설명할 수 없는 신비하고 초월적인 세계로 보면서, "우리의 일상적 생활에서는 사용하지 않는 천사의 언어"라고 칭송했다. 바켄로더에 따르면 음악은 정의 내릴 수 없고, 개념적으로 파악할 수 없으며, 음악에는 "언어의 수다스러운 소리와 철자와 괴기스러운 상형문자의 혼란"이 더는 없다. 그리고 바로 여기에 음악의 특수성이 존재한다. 음악을 일상적 언어로 번역하는 것은 쓸데없는 짓일 뿐이며, 오히려 그렇게 함으로써 음악의 마술적 힘과 신성하고 감히 다가설 수 없는 그 내면을 파괴할 뿐이라고 말한다. 그래서 음악 작품을 분석하는 것 역시 음악의 본질을 파악하는 데 아무런 도움이 되지 않는다고 바켄로더는 주장한다. 그러므로 우리는 "이러한 심오하고 변화될 수 없는 신성한 존재를 단지 경탄하는 데 그쳐야 할 뿐"이다. 만약 음악을 언어로 표현하려고 시도한다면, 몽상적인 시적 미사여구로만 가능하다는 것이다.

티크Johann L. Tieck 역시 음악에서는 "생각이 말이라는 어려운 우회로를 통해 이루어지지 않고, 감정·판타지·사고력이 하나로 뭉쳐 있다"라고 말하며, '장황한 말'이 음악에는 필요 없다고 보았다. 즉 19세기에 들어서면서 음악은 언어를 넘어서는 것Metasprache으로 이해되면서 음악에 형이상학적 의미가 부여되었고, 이러한 입장은 언어가 포함된 성악보다는 기악이 미학적으로 우월하다는 주장으로 연결되었다.

기악의 추상성을 높이 평가한 대표적 철학자로는 니체를 꼽을 수 있다. 니체는 음악이 일종의 언어로서 어떠한 메시지를 전달한다는 견해에 동의하지 않았다. 그에게 음악이란 무개념적 예술이며, 따라서 음악은 무제한의 가능성을 담고 있다. 그래서 "음악이 개념 언어가 되도록 음악을 하나의 시로 만드는 것, 즉 하나의 시를 음악을 통해 설명하려 하는 것"은 잘못된 것으로 보았다. 이러한 면에서 표제음악 또는 묘사적 성격의 가곡은 니체에게 의미가 없다. 니체는 "음악 자체가 그것이 가지고 있는 완전한 무제약성 때문에 형상과 개념을 필요로 하지 않는다"라고 보기 때문이다. 언어가 표현하는 세계는 음악이 내포한 세계의 일부분만을 드러낼 수 있을 뿐이다. 또한 니체가 보기에 오페라는 "음악은 하인으로 가사는 주인으로 여겨지고, 음악은 육체에 가사는 영혼에 비교되는 것"으로, 원래의 음악적 본질이 전도된 장르였다. 그러므로 그에 따르면, 오페라에서 텍스트를 이해하고자 하는 것은 미학적으로 중요한 일이 아니다. 오페라에서 언어적 요소는 개념과 감정의 서술을 넘어 음악적 체험이 되고자 하는 음악적 본질에 이르지 못한다는 것이다. 이러한 측면에서 그가 높이 평가했던 바그너의 음악극처럼, 설사 음악에 언어적 요소가 첨가되었다고 하더라도 그것은 부수적인 요소일 뿐 음악의 본질은 순수하게 음악적인 것이라고 주장하였다. 니체는 음과 리듬과 멜로디 그리고 하모니에 의해 성립되는 절대음악을 음악의 본질로 이해했던 것이다.

더 나아가 음악은 언어가 배제되면서 비로소 '독립성'을 획득할 기회를 얻게 된다. 즉 성악이 문학과 음악의 결합을 보여주었다면, 기악은 이제 문학을 벗어나 오로지 음악 자체의 고유한 세계를 열어주게 된 것이다. 티크는 성악을 '의존적인' 예술로 본 반면, 기악은 '비의존적이고 자유로운 예술'이라고 칭했다. 왜냐하면 기악은 "스스로 자신의 법칙"을 만들고, "자신의 추진력을 따르며, 가장 깊고 놀라운 것"을 드러내기 때문이다. 이러한 기악의 대표적인 유형으로 티크는 당시 새롭게 탄생한 '교향곡'을 꼽았다.

이러한 흐름상 음악의 독립적인 측면에서 누구보다 중요한 미학자는 한슬리크일 것이다. 그는 “어떤 음악 작품에 관한 환상적인 묘사들, 특성들, 설명들에서 벗어나 이제 음악은 한 번쯤 음악으로 파악”되어야 함을 강조하였다. 그래서 한슬리크에게 음악적 아름다움은 “음악 특유의 것 ein spezifisch Musikalisches”으로 “외부에서 오는 내용에 비의존적이며, 이를 요구하지도 않고, 단지 음들 사이에서와 음들의 예술적 결합에서만 존재하는 미”라는 것이다.[37] 물론 한슬리크는 성악, 특히 오페라에 대해 비판적 입장을 보였다.

즉 음악에서 언어가 배제되면서 음악은 추상성과 독립성을 얻게 되었고, 이러한 측면은 기악의 미학적 의미를 강화하는 역할을 하였다. 이렇게 기악이 예술적 가치를 인정받게 되는 현상을 달하우스는 “음악미학적 패러다임의 변화”로 일컬으며, 미학사에서 매우 중요한 의미를 갖는다고 보았다.

현대음악에 나타난 음악적 언어성

20세기 들어 음악이 급격히 변화함에 따라 전통적인 음악의 언어성도 약화되거나 해체되었고, 음악과 언어의 결합

양상도 크게 달라졌다.

전통적인 언어성의 해체는 통사론·의미론·음성학의 시각에서 전면적으로 나타났다. 특히 조성의 붕괴에 따른 무조음악이 등장함에 따라 기존의 전통적 통사론, 즉 음악의 문법이라고 할 수 있는 전통적 화성법, 형식론 등이 적용되지 않고 날카로운 불협화음이 주를 이루게 되며 기능화성도 해체된다. 음성학적 측면에서도 익숙하지 않은 불협화음이 나타나면서 청중에게 큰 충격을 주었다. 또한 언어는 이제 일종의 음악적 재료로 변환되어, 화성·선율·리듬과 마찬가지인 음악적 요소로 활용되었다. 예를 들어 리게티György Ligeti와 쾨니히Gottfried M. König는 사람이 말하는 음향을 모방한 전자음악 〈아티큘레이션Artikulation〉(1958)을 발표하였다. 이 작품에서 활용되는 언어적 요소는 언어(가사)의 내용이나 형태가 사라지고, 세부적으로 분절되고, 각각의 요소가 전자적 매체로 합성되었다. 더 나아가 베리오Luciano Berio는 언어적 요소를 분절하고 사람이 낼 수 있는 다양한 음성의 가능성을 활용하여 〈세쿠엔치아 IIISequenzia III for female voice〉(1966)를 발표하여 현대적 성악음악의 새로운 장을 열었다. 이 작품의 텍스트는 단어·단어 조각·음절·음소로 해체되었고, 이를 토대로 사람의 목소리를 일종의 악기로 보면서 다양한 음향적 가능성을 드러낸 것이다. 이제 전통적 의미의 아름다움 대신 새로운 예술적 가치가 전면적으로 등장하게 되었고, 이에 따라 감정의 언어로 이해되었던 음악에 대한 의미론적인 변화도 나타난 것이다.

이와는 대조적으로 현대음악 작곡가로서 음악과 언어에 큰 관심을 보이며 전통적인 음악의 언어성을 다시 회복하고자 하는 시도도 발견되는데, 대표적 인물이 림Wolfgang Rhim이다. 림은 음악을 본질적으로 언어라고 규정하고, 이러한 특성이 점차 사라진 20세기 이후의 상황을 비판적으로 보면서 음악에 내재했던 '음악의 언어성'을 다시 회복하고자 하였다. 림에 따르면 음악은 우리에게 말을 걸고, 무엇인가를 이야기한다.

> 어떤 경우든 〈음악은 무엇인가를 말한다〉. 그리고 〈음악을 통해 무엇인가가 말해진다〉라고 생각하는 인간이 존재한다. 음악은 모든 자신의 고유한 청중에게 준비가 되어 있다. […] 우리는 음악이 혼자서 우리에게 말하는 것을 청각을 통해서 지각하고 인지하는 것이다.[38]

이러한 언어성의 전제는 음악이 무엇인가의 의미를 창출할 수 있다는 것이며, 이것이 청중에게 전달될 수 있다는 것이다. 림은 "음의 시그널은 곧 개념을 창출할 수 있다"라고 말하면서, 음이 여러 가지 의미를 전달하는 능력을 갖추고 있다고 보았다. 그러나 림은 음악의 언어성을 개념적 언어와 동일하게 취급하지는 않는다. "음악은 계몽적인 연설의 대상이 아니며", "설명이 불가능한 사건"이라고 말하면서 낭만주의적 미학의 입장을 취한다. "음악은 번역 불가능한 언어로서 본능적으로 체험"하는 것이다. 그래서 림은 음을 통해서 나타난 의미는 언어로 설명된 의미와는 다르다는 점을 강조한다. 림에 따르면, 단어와 개념에 의한 일상 언어는 문자적으로 명확하지만 음, 음향, 음악의 진행은 그 자체로 명확하기보다는 다의적이기 때문에 여러 가능성을 열어놓고 있다. 그래서 음악적 언어에는 명확한 의미 전달보다는 "오해의 가능성이 […] 선천적으로 내재"되어 있다는 것이다. 즉 여기서 말하고자 하는 바는 음악이 다양한 의미를 산출할 수 있는 언어라는 점이다.

림이 생각하는 음악이란, 무개념적 언어를 매개로 청중과의 상호 교류를 통해 의미를 전달할 수 있는 예술이다.

그는 이러한 방식으로 전달되는 음악의 메시지가 어떤 것보다도 강하고 복합적이라고 본다. 음악이 우리 몸(육체)에 직접 다가온다는 것이다. 즉 림은 20세기 들어 사라진 음악의 언어성을 복원하여, 독자적인 미학적 입장을 토대로 음악을 통한 의사소통을 시도했다고 볼 수 있다.

음악은 천재의 산물인가?

– 파가니니의 〈라 캄파넬라〉와 천재미학

"모자를 벗으세요. 신사 여러분, 천재가 나타났습니다."

슈만이 쇼팽Frédéric Chopin을 두고 한 말이다. 그는 브람스에 대해서 "마치 크로노스의 머리를 뚫고 그 팔을 펼치며 태어난 미네르바와 같은 방식으로 우리에게 승리를 가져다주는 젊은 피조물"로 평가하며, "최고의 천재성이 그에게 기대되는 권능을 더해줄 것"이라고 극찬하기도 하였다.

이렇듯이 음악사에는 수많은 천재가 등장한다.[39] "아름다운 예술은 천재의 산물이다"라는 칸트의 주장처럼 예술과 천재의 관계는 밀접하며, 이에 대한 미적 담론은 미학사 전반에서 큰 영향력을 미쳤다. 무엇보다도 음악은 다른 어떤 예술 분야보다도 천재와 많은 관련을 맺었다고 할 수 있다.

음악에서 떠올릴 수 있는 수많은 천재 작곡가의 천재성은 단순히 한 뛰어난 개인의 능력만을 의미하지는 않는다. 천재에 대한 미학적 담론은 예술의 역사와 아주 밀접한 관계 속에서, 역사의 한 부분으로서 그리고 원동력으로서 발전하였기 때문이다. 천재미학의 배경을 이루었던 다양한 개념, 즉 개인성·독창성·창의성·정격성 그리고 모방·인습 또는 기술 등은 음악사의 흐름과 밀접하게 관련된다. 천재를 둘러싼 음악 세계를 추적해보자.

● ○ **음악듣기**

파가니니Niccolò Paganini(1782-1840)**의 〈바이올린 협주곡 제2번 Op. 7〉(1826) 중 No. 3 '라 캄파넬라'**La Campanella

작곡과 연주 분야에서 모두 탁월함을 보인 대표적 천재 중 한 사람이 파가니니다. 19세기 낭만주의 시대의 대표적인 비르투오소 파가니니는 화려하고 뛰어난 바이올린 연주로 청중을 사로잡았고, 그 대단함 때문에 악마에게 영혼을 팔았다는 소문에 휩싸일 정도였다. 파가니니가 작곡한 바이올린곡은 테크닉적으로 난해하기로 유명하며, 특히 〈바이올린 협주곡 제2번 '라 캄파넬라'〉는 큰 도약과 빠르고 현란한 테크닉을 보여준다.

'소생한 파우스트'로 일컬어지던 파가니니의 연주 모습을 보고 큰 영향을 받은 리스트는 피아노에서 비르투오소 예술을 펼쳤고, 파가니니의 〈라 캄파넬라〉를 비롯한 다수의 바이올린곡을 피아노곡으로 새롭게 구현하였다. 버나드 로즈Bernard Rose 감독의 영화 〈파가니니: 악마의 바이올리니스트〉에서도 주목되는 이 곡을 들으면 파가니니의 천재성이 더욱 실감 나게 느껴진다. 이 영화에서는 바이올리니스트 데이비드 개릿David Garrett이 파가니니 역을 맡아 그의 현란한 음악을 실제로 연주하였다. 현대음악 테크닉의 발전은 악마와의 거래 없이도 파가니니적 천재성을 실현 가능하게 하는 것일까?

음악적 천재는 타고난 것인가, 만들어진 것인가?

밀로스 포만Miloš Forman 감독의 영화 〈아마데우스〉(1984)에서는 '마치 하늘에서 내리는 눈을 맞듯이' 영감을 받아 노력이나 학습 없이 대단한 작품을 쏟아내는 모차르트와 꾸준하고 치밀한 교육 속에 노력을 기울여서 기교를 연마하는 살리에리Antonio Salieri를 첨예하게 대립시킨다. 천재의 능력은 '타고난ingenium naturae 것'인가, 아니면 '학습되는studium nurture 것'인가? 이는 아마도 천재와 관련하여 가장 먼저 그리고 가장 많이 제기되는 문제일 것이다. 평범한 인간이 도달하기란 불가능해 보이는 뛰어난 예술적 경지에 과연 학습과 부단한 노력으로 도달할 수 있을까?

천재미학 사상의 단초를 제공한 그리스 철학에서도 이 대립의 문제가 발견된다. 예술 창작에서 영감을 중요하게 보았던 플라톤의 『이온』에 따르면 뛰어난 능력은 신적인 것에서 출발하는 것으로, 이는 '영감'과 '타고난 재능'을 지지하는 천재론의 출발점이 된다. 즉 천재란 모든 인간적 가능성을 초월하여 신적인 능력을 받은 자로서, 자신이 선택하는 것이 아니라 신의 선택을 받는 수동적 존재인 것이다. 반면, 아리스토텔레스의 『시학』은 시의 본질과 작시의 원리를 체계적으로 정리하여 예술 창작의 원리를 규명함으로써 '학습을 통한 예술 창작'의 가능성을 드러냈다. 그러면서 아리스토텔레스는 천재적 능력을 '학습과 연마'라는 측면과 연결할 계기를 만들어주었다. 더 나아가 롱기누스Gaius Cassius Longinus는 예술의 최고 가치인 '숭고미'의 실현을 위해 법칙을 학습하는 것이 의미가 있다는 점을 지적한 바 있다.

이후 자연의 모방을 예술의 원동력으로 본 모방미학에

서는 예술을 천재의 소관으로 전제하면서, 천재적 능력에 수반되는 학습의 중요성을 강조하였다. '모방적 천재미학론'을 펼친 뒤보스, 바퇴, 레싱Gotthold E. Lessing이 여기에 해당한다. 뒤보스는 완전성을 추구하는 천재의 요소로 "노력(학습)"과 "오랜 기간의 연마"를 언급하였고, 레싱은 다음과 같이 교육의 역할을 강조하였다.

> 우리는 천재를 교육을 통해서 얻어야 한다. 한 소년의 총체적 영혼의 에너지를 사람들은 가능한 한 많이, 끊임없이 유사한 관계에서 교육시키고 확대시켜야 한다.[40]

그렇지만 이러한 학습에는 '타고난 재능'이 전제되어 있다는 점을 주지할 필요가 있다. 즉 뒤보스는 완전성을 추구하는 천재란 '노력'과 '완전할 수 있는 천부적이고도 자연적인 소질'의 결합이라고 이해하면서, 노력만으로는 '천재'에 도달할 수 없다고 말한다. 바퇴와 레싱 역시 학습과 관계없는 예술가의 기본적 소양을 전제로 한다. 이렇게 '선천적 재능'과 '후천적 노력'이라는 두 가지 요소는 천재의 능력을 논할 때 나타나는 주요 키워드로, 이 두 가지 요소를 결합한 경우를 '절충적 천재'라는 개념으로 설명할 수 있을 것이다. 이른바 '절충적 천재'는 에디슨Joseph Edison, 슈바르트 Ch. Friedrich Daniel Schubart 등을 통해 논의되었다.

그렇지만 18세기 '질풍노도 시대'를 거쳐 독창성 미학을 근거로 한 현대적인 '천재' 개념이 전개되면서, 천재의 능력은 학습이나 노력에 의한 것이기보다는 '타고난 것'이라는 주장이 주를 이루게 된다. 천재의 신적인 능력을 예찬한 섀프츠베리Shaftesbury는 "어떤 시인도 신이 부여한 상상력이나 추정 없이 자신의 독자적 방식으로는 어떤 것도 할 수 없다"[41]라고 주장하였다. 또한 칸트와 쇼펜하우어Arthur Schopenhauer의 천재미학에서는 '선천적 재능' 개념이 확고하게 자리 잡았다.

> 천재란 어떤 규칙에 따라 배울 수 있는 숙련의 소질이 아니다. [⋯] 천재란 생득적인 심의 능력이다."(칸트, 『판단력 비판』, 46절)

이렇게 예술가를 범접할 수 없는 타고난 재능의 소유자로 보는 시각은 19세기에 절정을 이루어 '천재 신화'를 형성하였다. 이제 "예술가는 천재로, 신으로부터 은총을 받은 자"(헤펠리Toni Häfeli)라는 주장이 확고해졌고, 창작의 원동력은 "무의식 또는 초의식"(바그너)이며 "예술적 창조의 본질에서 가장 심오한 것은, 내가 어떻게 영감을 받아들이느냐"(말러)라는 것이라고 주장하는 음악가들의 기록은 학습으로 도달할 수 없는 천재의 타고난 능력을 확인시켜준다.[42]

반면 20세기에 들어서는 내부적 요인보다는 외부적 요인에 대한 관심이 높아지면서, '선천적 재능'에 대한 의문이 제기되었다. 천재가 타고난 재능이라는 의미를 약화시킨 중요한 계기는 '교육'과 '환경' 그리고 '성실한 노력'이라고 할 수 있을 것이다. 이러한 맥락에서 음악 천재와 관련하여 천재의 뒤에서 헌신한 부모의 역할에 주목하기 시작하였다. '신동들에게는 그들의 길을 열어준 부모들의 헌신적인 뒷받침이 있었다'라는 견해는 특히 모차르트의 경우에 많이 논의되었고, 타고난 재능보다는 천재 본인의 진지한 노력이 많이 부각되기 시작하였다. 음악학자 아인슈타인Alfred Einstein은 바흐·헨델·모차르트를 '신들린 근면성'의 음악가로 보았고, 키비는 바흐와 하이든을 워커홀릭, 즉

'일 중독 천재'로 평가하였다. 음악사의 대가들이 스스로 피나는 노력을 했다는 측면에 주목한 것이다.

이렇게 다각적인 주장들 사이에서 1804년 슈바르트의 글은 21세기인 오늘날까지도 긴 여운을 남겨준다.

> 위대한 예술가의 이야기는 다음의 것들을 증명한다. 즉 수련에서 얼마나 많은 땀을 흘렸는지, 밤에 얼마나 많은 기름을 램프에 써버렸는지, 얼마나 많은 불완전한 시도들을 굴뚝에서 연기로 사라지게 했는지, 얼마나 깊은 고독 속에 침잠했는지, 그들이 마침내 등장하기까지 그리고 걸작으로 세상에서 환호하는 브라보를 필연적으로 강요할 때까지 그들이 얼마나 손가락과 귀 그리고 심장을 숙련시켰는지를 보여준다.[43]

아무리 뛰어난 재능을 갖추고 있더라도 노력 없이는 최고의 예술 작품을 탄생시키기 어렵다는 말에 크게 공감할 수 있지 않을까?

음악적 천재의 두 유형: 모차르트와 베토벤

음악사의 첫 번째 천재는 누구일까? 천재 예술가에 대한 논의는 르네상스 시대부터 시작되었다. 휴머니즘 시대에 이르러 비로소 신에게서 벗어난 인간의 능력을 인정하면서 레오나르도 다빈치, 미켈란젤로Michelangelo 등이 천재 예술가로 각인되었다. 이러한 논의가 모방미학에 근거하였다면, 칸트의 『판단력 비판』에서는 독창적 천재가 체계화되기 시작했다.

> 천재란 어떠한 규칙도 부여될 수 없는 것을 산출하는 능력이다. […] 1) 따라서 독창성이 천재의 첫 번째 특징이 되지 않으면 안 된다.(『판단력 비판』, 46절)

물론 음악에서의 천재는 르네상스 시대와 바로크 시대의 바흐와 헨델 등에게도 붙여진 칭호이지만, 독창미학 시대가 열린 18세기 후반부터 본격적인 천재가 나타났다고 볼 수 있다.

독창성 미학의 기반하에 주관적 표현성을 자유롭게 시도하며 본격적인 음악천재로 등극한 인물은 두말할 필요

모차르트(1756~1791) vs **베토벤**(1770~1827)

없이 모차르트와 베토벤일 것이다. 이 두 작곡가는 이전의 천재와는 구별되게 자신의 개성을 섬세하고 열정적으로 표출함으로써 '독창적' 천재상을 보여준 인물이라고 할 수 있다. 주목할 사항은 모차르트와 베토벤이 고전적인 천재상을 보여준다는 공통점이 있긴 하지만, 이 둘 사이에는 차이점이 존재한다는 것이다. 라우센베르크Walter Rauschenberg는 이들의 차이를 흥미롭게 구별하기도 하였다.

> 베토벤의 예술은 미켈란젤로의 초인간적인 창조와 닮았으며, 모차르트의 창작은 라파엘로에 비견된다."[44]

좀더 세부적인 관점으로 들어가자면, 두 작곡가가 서로 다른 음악적 천재의 유형을 대변한다고 하겠다.

모차르트는 '천재' 하면 가장 먼저 떠오르는 음악가로, 예술과 학문 세계 전반에서 가장 대표적인 천재로 각인된 인물이라고 할 수 있다. '신의 전령사', '초월적 세계 생성의 상像', '빛과 사랑의 음악 천재', '천상의 천재' 등 언어로 표현할 수 있는 최고의 찬사로 묘사되는 모차르트의 천재성은 크게 세 가지 관점에서 접근할 수 있다.

첫째, 모차르트는 '신동', 즉 매우 어린 나이에 뛰어난 능력을 보였다는 점에서 주목받았다. 모차르트는 네 살에 작곡을 시작하여 출판을 하였고, 여덟 살에 교향곡을 썼으며, 연주에서도 어렸을 때부터 뛰어난 재능을 보였다. 이러한 측면은 그에 대한 당대의 문헌부터 최근의 문헌에 이르기까지 그의 천재성과 관련하여 가장 많이 언급되고 있다. 이렇게 어린 나이에 나타난 재능에 대한 흥미로운 기록은 1769년 영국의 왕립학회 연구원 배링턴Daines Barrington의 조사에서 잘 드러난다. 그는 "키가 매우 작은 어린 소년에 대해 논하는 것은 어떻게 보면 어이없는 일"로 보일 수 있다면서도, 모차르트를 "역사상 가장 일찍 비범한 음악적 재능을 꽃피운" 신동이라고 기록하였다.

둘째, 모차르트는 '영감'의 천재로 상징화되었다. 자신의 노력 없이 순간적인 영감으로 예술의 창조력을 부여받아 대단한 작품을 작곡하는 작곡가로 형상화된 것이다. 일찍이 괴테는 모차르트의 이러한 천재성을 간파하였다.

> 원래 정신적인 창작이라는 것은 부분적인 것이든, 전체적인 것이든, 어떤 영감이 생의 입김을 통하여 스며 나오게 되는 것인데, 그의 경우에는 이것저것 해볼 것도 없이, 토막을 내어 뜯어 맞추는 일도 없이, 그의 **초자연적인 천재의 영혼이 그가 뜻한 대로 마음대로 쓰게 한 것처럼 보인다.**(괴테)[45]

모차르트의 전기를 네 차례에 걸쳐 펴낸 힐데스하이머 Wolfgang Hildesheimer도 "모차르트를 교육적 모델로 내세우는 것은 도움이 안 된다"라고 하면서 "한 번도 고친 흔적이 없는" 완성된 작품을 내놓은 모차르트에게 경탄하였다.

셋째, 모차르트는 현실을 넘어서는 '신적인 세계'를 드러내는 천재로 형상화되었다. 이는 당대보다는 20세기, 즉 현대에 부각된 측면으로 그의 천재성이 현실과는 거리가

면 '천상의 세계'를 드러내며, 이는 '본질적 세계'에서 더 나아가 '종교적 세계'를 구현하는 것으로 수용되었다. 『신적인 천재 모차르트』의 저자 파이퍼Konrad Pfeiffer는 모차르트 음악에 나타나는 "독특한 밝음과 명랑성", "절대적 순수성", "세계의 본질을 드러내는 심오한 깊이와 집중성", "음악적 사고의 충만함" 등을 천재적 요소로 지적하면서 이들은 궁극적으로 "신의 영역"을 구현한다고 보았다.[46] 신학자 링엔바흐Reginald Ringenbach에 이르러서는 종교적 색채가 더욱 강화되었다. 그가 쓴 책의 제목 『하나님은 음악이시다: 모차르트가 들려주는 신의 소리』에서 잘 드러나듯이, 링엔바흐는 모차르트의 음악에서 신 자체를 느낄 수 있다고 말하면서 모차르트를 예술적 천재를 넘어서는 절대자의 경지에 이른 자로 평가한다. 이러한 접근은 18세기 질풍노도 시대의 '신이 된 예술가'를 연상시킨다.

이와 같이 모차르트를 둘러싼 천재성 논의는 당대부터 현대에 이르기까지 끊임없이, 그리고 다양한 관점에서 지속되고 있다. 어린 꼬마가 성인 이상으로 멋지게 연주하는 모습, '주전자에서 물이 나오듯이' 자연스럽게 솟아오르는 영감으로 한 음도 수정할 필요 없이 단숨에 곡을 써 내려가는 모습, 신의 경지에 근접한 신성한 음악가의 모습 등 모차르트는 천재의 다양한 유형을 동시적으로 제공하고 있다.

베토벤 역시 당대부터 오늘날까지 '천재'의 대명사로 일컬어지는 인물이다. '베토벤 신화'라고 부를 정도로 많은 전기와 연구 문헌에서 그의 뛰어난 능력과 걸작이 논의되며, 음악이라는 분야를 넘어 인류 전체에 '영웅'으로서 보편적인 인정을 받고 있다.

베토벤의 천재성에서는 첫째, '영감'보다는 '타고난 재능'이 강조된다. '타고난 재능'은 외부의 어떤 창의적 능력을 수동적으로 받아들이는 것이 아니라 자신의 내면에 뛰어난 창작력을 갖추고 있음을 의미하므로, 주체적인 노력이 천재성의 요소로 작용한다. 이는 그의 노력과 부단한 학습이 부각된다는 측면에서 잘 드러난다. 베토벤이 친구 베겔러Franz G. Wegeler에게 보낸 편지에서 "한 줄도 쓰지 않는 날은 단 하루도 없다는 것이 나의 신조라네"라고 밝힌 바 있으며, 음악 창작의 측면에서 하나의 작품을 완성하기 위해 부단히 수정한 흔적이 나타나는 베토벤의 스케치 역시 이를 잘 대변해준다.

둘째, 베토벤은 '능동적 에너지'와 '강한 예술가적 정체성'을 보여준다. 이는 다시금 모차르트와 뚜렷하게 차별화되는 지점이다. 당대 음악가였던 할름August Halm이 자신의 작품을 베토벤에게 보이자 베토벤이 몇몇 오류를 지적했고, 이에 당신도 규칙을 어기는 실수를 하지 않았느냐는 할름의 질문에 베토벤이 "맞네. 그래도 나는 실수를 허용했지만, 자네는 실수를 범하지 않았던가?"라고 말한 것으로 기록되어 있다.[47] 이 일화는 칸트가 언급한 '규칙을 새롭게 만드는' 적극적이고 능동적인 천재의 모습을 보여준다고 할 수 있다. 즉 베토벤은 '재능을 부여받은 존재'에서 한 걸음 더 나아가 '능동적으로 재능을 발현'하고 이에 대한 신념을 가진 모습을 보여준다. 베토벤의 예술가로서의 자의식은 저돌적이면서 당당한 사회적 태도에서 특징적으로 나타났다. 그는 계급 사회의 위계질서에 순종하지 않고 당당한 태도를 보였으며, 후원을 받았지만 후원자에게 의존적이지 않았고, 오히려 후원자에게 자부심을 느끼게 하였다. 이러한 모습에서 베토벤은 사회적으로 인정받은 '자유 예술가상'을 보여주었다고 할 수 있다.

셋째, 베토벤을 중심으로 '고통을 승화하여 승리로 이끄는' 영웅적 천재상이 구축되었다. 베토벤의 삶에서 나타나는 '고통'은 가정적 불화, 애정 문제, 조카와의 문제 등으로 다양하지만, 무엇보다 그가 청력을 상실한 것이야말로 음악가로서 가장 처절한 고통의 상징으로 각인된다. 베토벤의 전기를 쓴 많은 작가가 이 부분을 베토벤의 천재성, 위대성과 집중적으로 연결하였다.

> 궁극적으로 베토벤은 모든 패배를 승리로 돌렸다. […] 청력 상실의 시작은 그의 '영웅적' 스타일을 성숙시키는 고통스러운 고치였다.[48]

고통을 승화하여 승리로 이끈 베토벤은 19세기에 나타나는 낭만적 천재상의 출발을 보여주는 예술가로 수용되었다.

이렇게 세 가지 관점을 종합해보자면 베토벤의 천재상은 인류의 영웅으로서의 모습이라고 할 수 있다. 그는 "모든 음악적·철학적 재능의 정신 가운데 신", "왕 중의 왕"으로까지 불렸다.[49] 또한 베토벤이 보여준 천재상은 단순한 아름다움을 넘어 경이로움과 힘이 있는 '숭고함'을 드러낸다는 점에서 롱기누스적 천재상을 보여주며, 기존의 법칙을 거부하고 새로운 원칙을 스스로 만드는 독창성의 측면에서 칸트의 천재상과도 일치한다고 할 수 있다. 그는 이제 음악가를 둘러싼 모든 속박, 종교적인 영감, 사회적인 제약 등에서 벗어나 스스로 일종의 '신성'을 소유한 듯한 강한 예술가적 정체성을 가진 괴테의 프로메테우스적 예술가상을 드러내고 있는 것이다.

천재는 죽었다: 현대의 음악 천재

긴 역사 속에서 예술과 함께하였던 '천재'는 20세기에 들어서면서 위기를 맞게 된다. 아도르노는 "천재 개념은 이데올로기다"라며 천재 신화를 비판하였고, 심상용은 "천재는 죽었다"라고 단언하였다.[50]

천재 비판은 기존의 '천재' 개념에 담긴 허구성, 즉 천재 작곡가 개인에 대한 지나친 미화 또는 숭배를 비판하는 '천재 신화 깨기'에서 출발하였다. '날조된 전기'가 '허구적 천재상'을 구축하는 데 일조하였다는 점이 지적되었고, '천재 신화'를 구축하는 데 사용된 여러 가지 장치도 낱낱이 지적되었다. '신체적 허약함', '젊은 나이의 요절', '괴팍함' 등의 요소를 과장되게 활용하는 등 사실을 왜곡하여 대중에게 호소력 있는 천재상을 만들었다는 것이다.[51]

이러한 상황에서 '천재'라는 개념에 대한 보다 객관적인 접근이 촉구되었고, '타고난 재능'을 강조하는 것에 대한 비판도 제기되었다. 예술성이라는 것은 생물학적 유전인자처럼 태어나면서 가지게 되는 것이 아니라 한 개인을 둘러싼 사회적·역사적 맥락에서 실현 가능하다는 견해가 20세기 들어 제기되면서, 외부적 요인의 개입 가능성을 차단했던 기존의 천재상에 대한 문제가 제기된 것이다.

> 모차르트를 이야기하면 '타고난 천재'니 '천부적인 작곡 능력'이니 하는 말들이 쉽게 나온다. 그러나 이는 생각이 좀 모자라는 표현 방식이다. 우리가 한 인간의 구조적 특성을 선천적이라고 말하는 것은 눈빛이나 머리 색깔처럼 그것이 생물학적으로 유전되는 특징이라고 가정하는 것과 같다. 그러나 한 인간이 모차르트의 음악처럼 그렇게 예술적인 것에 대해 천부적 소질을 유전자 속에 가지고 태어난다는 것은 있을 수 없는 일이다.[52]

즉 천재란 '무료로 물려받은 재산권'이 아니라 복합적인 요인의 결합체라는 시각이 대두하면서 기존의 천재 개념에 대한 문제점이 강하게 부각된 것이다. 현대 과학기술의 발전에 따라 합리적 사고방식이 강화되면서 비합리적인 예술론에 대한 거부감이 나타났으며, 예술에 대한 사회적·역사적 관점이 강화되면서 예술을 단순히 개인적 차원에서 접근하는 천재미학에 대한 비판이 나타났다고 할 수 있다. 또한 현대 자본주의 사회에서 예술의 위상이 변화함과 함께 예술가의 의미가 변화된 것도 하나의 원인일 것이다.

그렇지만 천재론이 완전히 사라진 것은 아니다. 천재 신화는 여전히 계속 이어졌고 이것이 20세기 현대 예술의 원동력으로 작용했다는 측면 역시 무시할 수 없다. 특히 독창성이 더욱 극단적으로 추구된 모더니즘과 아방가르드 예술에서 천재미학은 보이지 않는 영향력을 발휘했다고 볼 수 있다. 반면 20세기 후반기에 들어서면서 포스트모더니즘적 경향이 대두함에 따라 독창미학의 영향력이 감소하고 천재의 의미 또한 약화된 정황도 흥미롭다.

동시에 천재를 새로운 시각에서 보는 연구들도 시도되었다. 엘리아스Norbert Elias의 『천재의 사회학』(1991), 데노라Tia DeNora의 『베토벤 천재 만들기』(1995)가 대표적인 연구다. 이 사회학자들은 모차르트나 베토벤 등의 음악적 천재성이 단순히 타고난 재능에 의한 것이 아니라, 사실은 사회적 메커니즘에서 구축된 것이라는 점을 객관적 사료를 토대로 제시하였다. 또한 음악의 창작 과정을 연구하는 '음악시학' 역시 타고난 재능만으로는 천재라는 현상을 설명할 수 없음을 보여주는 계기가 되었다.

한 예술가를 천재로 지칭하는 행위에는 사회 집단 안에서 한 인간의 뛰어난 능력을 높이 평가하며 찬탄한다는 의미가 담겨 있다. 하지만 현재 민주주의적 평등 사회에서는 어쩌면 이러한 개념이 받아들여지기 어려울 수도 있다. 즉 천재 개념이 엘리트 의식에서 성장했다면, 현재의 민주주의적 사고는 천재에게 열악한 환경을 제공한다고 볼 수 있다. 또한 자본주의의 지배를 받으며 공장에서 만든 기성품과 예술가가 만든 예술품의 차이가 점점 사라지는 상황에서 천재 예술가가 설 자리를 잃게 되었는지도 모르겠다.

현대의 천재상: 영화 속 음악 천재

천재는 시대를 초월하여 많은 이들의 흥미를 끌어내는 주제이기에, 다양한 영화에서 주제로 다루어졌다. 영화 속 천재를 통해 음악 천재에게 친근하게 다가가 보자. 천재를 다룬 음악영화는 크게 두 유형으로 나뉘는데, 하나는 역사적 실제 인물을 소재로 하여 각색한 것이고, 다른 하나는 현대의 일상 안에서 나타나는 천재를 다룬 것이다.

전자의 유형 중 가장 대표적인 예는 널리 알려진 〈아마데우스〉로, 쉐퍼Peter Shaffer의 희곡을 바탕으로 탄탄한 구성력을 갖춰 천재의 이야기를 흥미진진하게 전개함으로써 큰 성공을 거두었다. 이 영화에서 주목되는 점은 모차르트와 살리에리, 즉 천재와 보통 음악가의 대비다. 한 치의 노력도 하지 않으며 경박하기까지 한 한 인간은 신의 은총을 받아 불후의 명곡을 쉽게 써 내려가는 반면, 부단히 노력하면서 신에게 재능을 갈구하는 한 인간은 평범한 곡을 만들어낸다. 이러한 상황에 대한 살리에리의 절규가 특히 인상적이다.

> 고통의 가느다란 밧줄이 나를 휘감고 조였습니다. 아, 그 고통! 내 일찍이 알지 못했던 그 고통. 난 나의 하나님께 외쳐댔죠. '이것은 뭡니까? […] 이 음악이 희구하는 것이 무엇입니까? 채워질 수 없는 것인데도, 듣는 이로 하여금 밀물처럼 심금을 흥건히 채워주니 말입니다. 이것은 진정 당신의 뜻입니까? 신이여, 바로 당신의 것입니까?' […] 나는 갑자

기 겁이 났습니다.[53]

살리에리의 고통은 곧 절망으로 바뀌고, 다시금 증오로 변한다. 사회학자 엘리아스는 천재론을 반박하면서 천재가 한편을 높이는 반면 다른 한편을 낮추는 경향이 강하다는 것을 지적하였는데, 〈아마데우스〉에서 이러한 대비가 첨예하게 드러난다고 할 수 있다. 갈채를 받는 천재 뒤에는 그를 동경하고 질투하는 범인凡人이 있는 것이다.

이러한 측면은 영화 〈카핑 베토벤〉(2007, 아그니에슈카 홀란트Agnieszka Holland 감독)에서도 잘 나타난다. 이 영화는 가상의 악보 사보가 안나가 베토벤 〈제9번 교향곡〉(1824)의 사보와 초연을 도와주는 이야기를 다루는데, 이 사보가 역시 베토벤을 동경하며 자신의 음악적 창조력을 키워나가고자 하는 여류 작곡가다. 영화의 한 장면에서 베토벤은 자신의 후기 현악 4중주 단편을 보여주며 안나에게 의견을 묻는다. 이에 안나는 새로운 작품이 "추하다", "이해할 수 없다"라고 말한다. 안나의 솔직하지만 부정적인 평에도 굴하지 않고, 베토벤은 자신의 음악은 "새로운 음언어"를 보여주며 "신의 언어를 전달하는 것"이라고 확신에 차서 카리스마를 뿜어낸다. 더욱이 안나가 보여준 작품을 우스꽝스럽다고 평하고는 허풍스럽게 연주하자 안나는 결국 울며 방을 뛰쳐나간다. 천재 이면에 있는 범인의 슬픔이 절절하게 느껴질 수밖에 없다.

실제 인물을 토대로 만든 영화 가운데 〈파리넬리〉(1994, 제라르 꼬르비오Gérard Corbiau 감독)는 바로크 시대의 대표적인 카스트라토 파리넬리Farinelli의 파란만장한 삶을 다룬다. 트럼펫 연주자와 경쟁하는 장면에서는 파리넬리의 대단한 테크닉을 보여주는 반면, 유명한 헨델의 아리아 〈울게 하소서〉를 부르는 장면에서는 예술성과 기교가 합쳐진 천재 성악가의 감동적인 연주를 보여준다. 같은 감독이 만든 〈왕의 춤〉(2001)은 프랑스 루이 14세 시대에 활동한 이탈리아 출신의 작곡가 륄리Jean-Baptiste Lully를 다룬 영화다. 여기서 륄리는 자신의 음악적 재능을 사회와 정치적 상황에 맞추는 능수능란한 천재로 그려졌다. 헬프갓Daniel Helfgott이라는 실존 피아니스트가 주인공으로 나오는 〈샤인〉(1997, 스콧 힉스Scott Hicks 감독)에는 반대로 사회에 적응하지 못하는 천재가 등장한다. 대단한 천재성과 광기를 가졌던 헬프갓은 가족과의 갈등 끝에 집을 떠나 자신의 예술 세계를 펼치지

애니메이션 영화 〈피아노의 숲〉 한 장면

만, 정신적인 안정을 얻지 못하고 정신병원으로 가게 된다. 이러한 비극적 삶이 중심 주제로 그려지는 이 영화는 개인의 뛰어난 재능이 좁게는 가정이라는 벽에, 넓게는 사회라는 벽에 어떻게 충돌하게 되는지를 보여준다. 이를 통해 재능 하나로만 천재성을 발휘하기는 어려우며, 사회적인 후원과 인정이 얼마나 중요한지를 느끼게 해준다.

천재 영화의 두 번째 유형, 즉 현대의 평범한 삶 속에 나타난 음악적 천재의 모습은 일본 애니메이션 영화 〈피아노의 숲〉(2007, 고지마 마사유키小島正幸 감독)에서 잘 나타난다. 천방지축 개구쟁이 소년 카이는 가정 형편이 좋지 않아 체계적인 교육도 받지 못하는 상황인 반면, 슈헤이는 좋은 가정 환경을 배경으로 훌륭한 교수들에게 교육을 받는다는 점이 대조적으로 나타난다. 이 두 소년은 피아노 경연대회에 나가게 되면서 경쟁 관계가 된다. 흥미로운 장면은 카이가 소나타 연주 테이프를 듣고 모방하면서 연주하자, 수많은 모차르트 망령이 나타나서 "내 음악 돌려달라"라고 아우성을 치는 부분이다. 이에 기겁한 카이는 망령들에게 쫓겨 다니다가 자신의 고유한 연주 스타일을 찾으며 고민에 빠지게 된다. 우여곡절 끝에 음악 콩쿠르에서는 슈헤이가 우승하고 카이는 유학을 떠난다는 다소 상투적인 결론으로 영화는 마무리된다.

이 영화는 제도권 안에서 인정하는 천재는 다듬어지지 않은 자연적인 재능이 아니라 제도권의 척도에 맞추어 학습되고 다듬어진 재능을 가진 자라는 점을 보여준다. 자신을 둘러싼 일본의 음악계에서는 더 이상 자신의 재능을 인정받지도 못하고 발휘할 수도 없는 자연적 천재 카이가 세계를 향해 나아가는 모습은 현대 사회에 대한 천재의 소리 없는 항의로도 느껴진다.

그 외에도 영화 〈어거스트 러쉬〉(2007, 커스틴 셰리든Kirsten Sheridan 감독)는 부모에게 음악적 재능을 물려받은 한 신동을 다루었고, 〈비투스〉(2008, 프레디 M. 무러Fredi M. Murer 감독)는 '박쥐보다도 예민한 청각'을 가진 비투스가 어머니의 강압적인 교육열 때문에 과잉 레슨을 받고 엇나갔다가 훌륭한 선생을 만나는 등 평범한 일상에서 벗어나 비범한 천재의 길을 가는 모습을 흥미롭게 그렸다.

이렇게 많은 영화 가운데 '음악적 천재'는 사랑받는 주제이며, 대중의 관심을 끄는 주제이기도 하다. 그러나 과거에 존재했던 실존 인물이든 현대에 만들어진 가상 인물이든 간에, 영화 속 천재에는 허구적인 요소가 강하다. 음악적 재능의 비범한 측면을 더욱 극단화함과 동시에 일상에서의 괴팍함이나 부적응의 측면 또한 극단화하면서 그 사이의 연결고리가 사라지는 듯한 인상을 준다. 그렇지만 이처럼 다양한 천재의 모습 속에서 대중은 뛰어난 한 인간에 감동하고, 더 나아가 음악이라는 예술에 감동하게 된다. 영화라는 매체를 통해 시각과 청각이 함께 어우러짐과 동시에 인간이 가지고 있는 '천재에 대한 동경'이 그려지므로 의미가 한 차원 높아지는 것이다.

2부

음악에는

철학
이

있다

'실존과 세계는 오로지 하나의 미적 현상으로만 정당화 된다'고 하며 예술과 철학을 동등한 관점에서 본 니체에게 음악은 최고의 형이상학적 예술이었다. 그는 삶의 고통을 발견할지라도 그 자체로 삶을 사랑하고 긍정하는 디오니소스적 지혜를 보여주는 음악이 개념이 도달할 수 없는 세계의 본질을 드러낸다고 보았다.

음악이 세계의 본질을 말할 수 있을까?

– 말러의 〈교향곡 제3번〉과 쇼펜하우어의 음악철학

"예술은 시간의 바퀴를 멈추게 한다. 관계들은 예술에서는 사라져버린다. 오직 본질적인 것, 이념만이 예술의 대상이다."[1] 예술의 의미를 이처럼 멋지게 표현한 쇼펜하우어는 음악에 관심이 많았다. 그는 오페라를 비롯한 여러 음악회를 자주 방문하였고 플루트, 기타, 성악 레슨도 받은 것으로 기록되어 있다. 특히 플루트 실력이 뛰어났으며, 대위법을 집중적으로 공부하기도 하였다. 이러한 관심을 반영하듯이 쇼펜하우어는 자신의 철학서에서 (물론 전문적 수준은 아니지만) 화성·선율·음정 관계에 대한 부분을 설명하기도 하였고, 모차르트·베토벤·로시니Gioacchino Antonio Rossini 등에 대해서도 언급하였다.

그래서일까. 그의 철학은 여러 음악가에게 큰 영향을 미쳤다. 바그너는 1854년에 쇼펜하우어의 『의지와 표상으로서의 세계』(1819)를 처음 접한 후 '자신의 고독 속에 마치 하늘의 선물처럼' 이 책이 다가왔다고 열광하였고, "그 이후 그 책은 내 곁을 떠난 적이 한 번도 없었고, 그다음 해 여름에는 이미 그것을 네 번째 읽고 있었다"라고 말할 정도로 큰 영향을 받았다. 쇤베르크도 음악에 세계의 본질이 담겨 있다는 생각과 예술가의 창작 과정 등에서 쇼펜하우어 사상의 영향을 받았고, 문학가 토마스 만도 마찬가지다. 쇤베르크를 모델로 한 그의 소설 『파우스트 박사』(1947)에서 주인공 레버퀸의 스승 크레추머가 제자에게 음악의 형이상학적 의미를 설명하는 부분에서 명확하게 알 수 있듯이, 이 소설 역시 쇼펜하우어의 영향을 여실히 보여준다.

> 음악이야말로 에너지 '그 자체'거든. 관념으로서가 아니라 실체로서 그렇단 말이야. 거의 신에 대한 정의에 견줄 만해. 신의 모상이라고나 할까.[2]

이처럼 예술가들에게 쇼펜하우어가 영향을 미친 큰 이유 중의 하나는 그가 음악의 철학적 위상을 높였고, 음악의 의미를 형이상학적 세계로 끌어올렸다는 점과 무관하지 않을 것이다. 칸트와 헤겔 등 독일 관념주의 철학에서 예술을 논할 때 음악은 항상 개념적 예술인 시문학보다 낮은 단계에 있었다. 그렇지만 쇼펜하우어는 이 관계를 역전시켜 음악을 예술에서 최상의 위치로 끌어올렸으며, 음악에 철학적인 의미를 확실하게 부여하였다. 음악 전공자로서 이러한 쇼펜하우어의 주장이 반갑지 않을 이유가 없다. 쇼펜하우어 덕분에 음악이 예술의 최고봉으로 당당하게 자리매김할 수 있었기 때문이다. 물론 이러한 상황은 19세기 낭만주의라는 배경이 있었기에 가능한 것이었다.

● ○ 음악듣기

말러Gustav Mahler**(1860–1911)의 〈교향곡 제3번**Symphony No. 3 in D minor**〉(1896)**

Kräftig. Entschieden.
1. 2. Flöte.
3. 4. Flöte. (1.2. Piccolo)
1. 2. 3. Oboe.
4. Oboe. (engl. Horn.)
1. 2. Clarinette in B.
3. Clarinette in B. (Basscl.)
1. 2. Clarinette in Es.
1. 2. 3. Fagott.
4. Fagott. (Contrafag.)
Kräftig. Entschieden.
1. 2. 3. 4. 5. 6. 7. 8. Horn in F.
1. 2. 3. 4. Trompete in F.
1. 2. 3. 4. Posaune.
Contra - Basstuba.
Glockenspiel. Kl. Trommel.
Triangel. Tambourin.
Becken (freihängend) Tamtam
Becken, an der gr. Trommel befestigt und vom selben Musiker geschlagen, der die Trommel versieht.
Gr. Trommel.
1. 2. Pauke.
1. in A, B, E hoch.
2. in D tief, B, F hoch.
1. 2. Harfe.
Kräftig. Entschieden.
1. Violine.
2. Violine.
Viola.
Violoncell.
Contrabass.

우리는 왜 사는가? 우리 삶의 본질은 무엇인가? 말러는 대규모 교향곡을 통해 이러한 실존적 질문을 던진 작곡가다. 그의 교향곡은 웅장하고 방대하다. 길이와 악기 편성 등의 외형적 측면뿐만 아니라 음향이 겹겹이 쌓아 올려진 사운드 자체도 그러하며, 이 사운드 안에 철학적 의미를 겹겹이 담고 있다. 그래서 '교향곡을 작곡한다는 것은 하나의 세계를 건설한다는 것'이라는 그의 말을 이해하는 데 아무런 어려움이 없다.

그의 교향곡을 들어보자. 6악장으로 구성된 〈교향곡 제3번〉은 쇼펜하우어의 영향을 받은 니체의 저서 『즐거운 학문』(1882)에서 6개의 소제목을 따왔고, 음악의 표현 가능성을 최대한 활용하여 자신의 삶과 철학을 음악에 담고자 한 작품이다.

Pan Awakes, Summer Marches In(목신이 잠을 깬다, 여름이 행진해 온다)

What the Flowers on the Meadow Tell Me(목장의 꽃이 내게 들려주는 것)

What the Animals in the Forest Tell Me(숲의 동물들이 내게 들려주는 것)

What Man Tells Me(인류가 내게 들려주는 것)

What the Angels Tell Me(천사가 내게 들려주는 것)

What Love Tells Me(사랑이 내게 들려주는 것)

음악학자 채닝S. Chaninning은 "말러 〈교향곡 제3번〉의 목소리는 존재에 대한 거대한 질문을 던지고 있다"라고 평하며,[3] 이 교향곡의 음악적 흐름은 세상의 본질을 '의지'로 본 쇼펜하우어 철학과의 연관 관계 속에서 이해할 수 있다고 주장한 바 있다.[4] 쇼펜하우어 철학의 핵심인 의지, 즉 '삶의 맹목적인 충동', 일종의 '생명의 원리, 생명 에너지'가 악장마다 섬세하게 음악적으로 가시화되었다는 것이다. 행복과 생명을 갈망하지만 고통과 죽음을 피할 수 없는 인간의 실존에 쇼펜하우어가 건네주는 철학의 의미를 이 교향곡을 들으면서 느껴보자.

음악은 의지 자체의 모방이다

"음악은 위대하고 아주 훌륭한 예술이며, 인간의 내면에 막대한 영향을 행사하는데, 세계 자체를 능가할 정도로 분명한 보편적 언어로서 아주 깊이 이해된다"(WV 323)라고 쇼펜하우어는 말한다. 그에게 음악은 왜 중요한 것일까?

『의지와 표상으로서의 세계』라는 쇼펜하우어의 저서 제목이 보여주듯이, 그의 철학에는 의지와 표상이라는 두 영역이 존재한다. 세계를 파악하는 주관의 능력인 '표상Vorstellung'이 경험과 학문의 대상 영역으로서 선천적인 인식

조건인 근거율에 의해 인식 가능한 것이라고 했을 때, 표상의 세계 이면에 존재하는 본질적인 세계가 바로 '의지Wille'다. 세계의 궁극적인 본질이 현상에 있는 것이 아니라 현상의 이면에 존재하는 '의지'에 있는 것이다. 주목할 점은 모든 현상의 본질을 이루는 의지가 이성적이지도 관념적이지도 않으며, 오히려 '맹목적이고 비이성적'이라는 것이다. 즉 의지는 '삶의 맹목적인 충동'으로서, 일종의 '생명의 원리, 생명 에너지'다. 그래서 의지는 모든 개별적인 것의 본질로서 세상의 모든 현상에 자신의 고유한 형식을 통해 생명력을 드러낸다.

쇼펜하우어 철학의 핵심 개념인 '의지'는 다양한 단계로 구분되며, 그는 의지가 발현되는 다양한 단계 가운데 최고의 단계를 '이념Idee'으로 보았다.[5] 이념은 의지가 가장 순수하고 완전하게 직접적으로 객관화된 것인데, 바로 여기서 쇼펜하우어의 예술론이 시작된다. 이념은 사물의 근원적인 통일성을 보여주는 것으로 시간과 공간, 인과성에 묶여 있지 않은 보편적인 것이다. 그런데 이 이념은 오로지 '미적 직관ästhetische Anschauung'으로만 파악할 수 있으며, 이 미적 직관은 예술을 통해서만 가능하다고 보았다. 즉 "예술만이 순수한 정관을 통하여 파악된 영원한 이념들, 본질적인 것, 그리고 세계의 모든 현상의 변하지 않는 것을 반복"한다.(WV 262) 이러한 맥락에서 쇼펜하우어에게 예술은 이념을 보존하고 전달하는 역할을 하게 된다.

쇼펜하우어 철학의 핵심 개념인 '의지'는 객관화 정도에 따라 가장 낮은 단계의 물이나 식물에서 가장 높은 단계의 동물이나 인간에 이르기까지 무한한 등급으로 나뉘어 나타난다. 이러한 구분에 따라 쇼펜하우어는 의지의 최고 단계인 '이념'을 드러내는 예술의 단계를 건축 등 조형예술, 시와 비극, 음악으로 나누었다. 이러한 체계 맨 위에 음악이 존재한다. 즉, 음악은 쇼펜하우어 예술 체계에서 최상의 단계를 차지한다. 쇼펜하우어는 "음악은 그 밖의 모든 예술과는 전혀 다르다"라고 말하면서, 음악이 보통 예술 체계의 밖에, 완전히 다른 절대적 공간에 존재한다고 보았다. 세계를 형이상학적 공간과 감각적인 현상이 지배하는 형이하학적 공간으로 나누면서, 음악만을 형이상학적 공간에 속하는 예술로 상정한 것이다. 건축예술·조형예술·문학이 형이하학적 공간에 속한다면, 음악은 완전히 독립된 외부의 형이상학적 공간에 존재한다. 이는 음악이 현상의

쇼펜하우어의 철학에서 음악의 위치

세계에 나타나는 모든 개별적인 현상과 이념에서 완전히 분리 또는 해방된다는 것을 의미하게 된다.

음악과 그 외 예술의 차이는 형상화하는 대상에서 더욱 뚜렷해진다. 기본적으로 예술은 의지의 최고 단계인 '이념'을 모방하는 역할을 하지만, 음악은 여타 예술과 달리 이념의 토대를 이루는 세계의 본질인 '의지'를 모방하기 때문이다.

음악은 모든 의지의 직접적 객관화이자 모방이다. 이 의지는 세계 자체이고, 세계를 수많은 현상들로 드러나게 하는 이념들이다. 그러므로 음악은 다른 예술들처럼 이념들의 모방이 아니고, 그 객체 역시 이념인 의지 자체의 모방이다. 그러기에 다른 예술들보다 음악의 효과는 더 강력하고 호소력이 크다. 왜냐하면 다른 예술들은 단지 그림자에 관해 말하지만 음악은 본질에 관해 말하기 때문이다.(WV 324-325)

음악과 관련하여 가장 많이 인용되는 문구 중의 하나인 이 부분에서 드러나듯이, 다른 예술이 이념의 모방에 머무는 반면 음악은 의지의 직접적인 모방으로, 그 자체만으로도 세계 전체를 표현한다. 음악이 세계 자체를 드러낸다면, 다른 예술은 그 그림자만을 모방하는 것이다. 그래서 쇼펜하우어에게 음악은 모든 예술 위에 존재하는 최고의 예술이다. 음악은 "완전히 보편적 언어"로 우리의 가장 내밀한 존재에게 직접 말을 건다. 음악의 이러한 특성은 쇼펜하우어 음악철학의 핵심을 보여주는 것으로, 바로 이 지점으로부터 다양한 음악적 담론이 전개된다.

'감정의 왕국' 음악

쇼펜하우어는 의지의 모방으로서 특별한 의미를 부여받은 음악을 규정하는 가장 중요한 요소로 '감정'을 제시하였다. 그에게 음악은 언제나 '감정과 열정의 언어'로, 음악에서 우리는 모든 의지의 현상, 그리움, 충동 등을 파악하고 표현할 수 있다고 보았다. 쇼펜하우어의 본질적인 의지가 (플라톤적 이데아의 세계처럼 관념적이고 이성적이기보다는) 충동적이고 비이성적인 것임을 상기해볼 때, 이러한 시각은 충분히 이해할 수 있다. 즉 음악은 인간의 모든 감정을 모든 뉘앙스로 또는 비슷하게 표현할 수 있는데, 왜냐하면 음악은 현상이 아니라 의지 자체이기 때문이다. 그러므로 이러한 감정의 왕국에서 "개념은 도움이 되지 않는다." 쇼펜하우어는 "이 이상한 예술을 설명하는 데 [개념은] 그 빈곤과 한계를 드러낼" 뿐이라고 말한다.(WV 328)

쇼펜하우어가 말하는 감정을 좀더 세분화해보면 두 가지 유형으로 구분된다. 음악에 '표현'되는 대상으로서의 감정과 음악이 미치는 '영향'으로서의 감정이 그것이다. 음악은 감정을 표현하며 이는 동시에 청중에게 큰 효과를 발휘한다는 점이 쇼펜하우어의 논의에 담겨 있는 것이다.

먼저 음악이 표현하는 대상으로서의 감정을 생각해보자. 쇼펜하우어는 음악이 인간의 다양한 감정을 표현할 수 있다고 보았고, 이때 선율의 역할을 강조하였다. 그는 음악에 드러나는 선율적·화성적 특성을 인간의 감정의 흐름,

욕구, 만족 등과 유비하였다. 특히 음악의 감정적 내용을 가장 잘 드러낼 수 있는 것으로 그는 화성으로 지지되는 선율, 즉 호모포니적 짜임새를 꼽았다. 반면 폴리포니적 짜임새에는 별 의미를 부여하지 않았다.

이렇게 감정을 강조하는 것을 보면, 쇼펜하우어는 음악과 감정의 직접적인 연관성을 강조하는 듯하다. 그러나 쇼펜하우어는 음악과 감정의 공통점을 언급한 후에 이것이 '간접적인 관계'임을 강조한다. 재차 반복되듯이, 음악은 현상을 표현하는 것이 아니라 그 현상의 내면적인 본질인 의지 자체를 표현하기 때문이다.

> 그러므로 음악은 이 기쁨이나 저 기쁨 같은 개개의 것을 표현하지 않는다. 슬픔, 고통, 경악, 환호, 즐거움, 편안한 느낌도 개별적으로 표현하지 않는다. 음악은 기쁨, 슬픔, 고통, 경악, 환호, 즐거움, 평안한 느낌 그 자체들을 표현한다. 즉 추상적으로 중요한 것을 군더더기 없이 표현하는데, 거기에는 어떤 동기도 없다. 그러나 우리들은 그 흡인력이 있는 핵심을 완벽하게 이해한다.(WV 329)

여기서 중요한 것은 감정이 개별적인 감정 또는 개인적으로 느끼는 감정이 아니라 일반적 의미의 감정, 즉 감정의 내면적인 본질이라는 점이다.

> 음악은 [감정 자체와] 직접적인 관계가 없고 오직 간접적인 관계만 맺을 뿐이다. 왜냐하면 음악은 결코 현상을 표현하는 것이 아니라 오직 내적 본성, 모든 현상의 물자체, 의지 자체를 표현할 뿐이기 때문이다.(WV 329)

이러한 쇼펜하우어의 감정미학은 칸트적 또는 헤겔적 의미의 감정 표현과는 구별되며, 낭만주의적 감정미학에서 말하는 추상적 의미의 감정미학과 유사하다. 즉 쇼펜하우어가 말하는 감정, 음악에 표현되는 감정은 개념이 도달할 수 없는 어떤 것이며, 이러한 면은 음악의 형용 불가능성을 중시한 낭만주의 미학과 맥을 같이한다. 또한 중요한 것은, 음악이 겉으로 드러난 현상이 아니라 모든 현상의 본질인 의지 자체를 표현한다는 것이다. 음악에 대한 이러한 인식은 음악이 현실 세계와는 거리가 먼 우주적 내면세계를 표현한다는 초기 낭만주의 음악관과 유사한 맥락으로 볼 수 있다. 이렇듯 음악은 인간의 가장 내면적인 그리움에 대한 감각적인 형상으로 이해된다.

또 하나 여기서 주목되는 점은 음악이 감정의 언어이되 '아주 일반적인 언어die ganz allgemeine Sprache'라는 것이다. 쇼펜하우어에게 음악의 언어는 직접적으로 이해할 수 있으며 누구에게나 감동을 줄 수 있지만, 다른 한편으로 음악의 언어는 이성을 통한 개념을 무력화한다. 즉 개념적으로 파악할 수 없는, 감정을 통해서 말해지는 언어인 것이다. 그렇기에 음악은 언어로 번역할 수 없는 고유한 언어라고 할 수 있다.[6] 이러한 맥락에서 쇼펜하우어가 말하는 음악에 나타나는 감정은 다양한 단계와 유형으로 나타나는 인간의 보편적인 내면성으로 이해할 수 있다. 개념적으로 규정하기 어려운 추상적 감정의 세세한 뉘앙스의 표현이 바로 쇼펜하우어가 말하는 음악의 강점이라고 볼 수 있을 것이다.

이제 음악이 끼치는 감정적 영향이라는 측면에서 쇼펜하우어의 감정미학에 접근해보자. 쇼펜하우어는 '의지의 모방'으로서의 음악이 청중에게 강한 감정적 영향력과 효과를 행사한다는 점을 강조한다.

> 그러기에 우리의 판타지는 음악을 통해 아주 쉽게 자극되어 우리에게 직접적으로 말하는, 볼 수 없으나 생생하게 움직이는 정신세계를 형상화하여 살과 뼈로 옷 입히려고 한다.(WV 329)

음악은 의지와의 직접적인 관계를 통해서 다른 예술보다 훨씬 강렬하게 작용하여 최고의 감동을 불러일으킨다는 것이다. 철학자 쵤러Günter Zöller는 이렇게 음악이 직접적·집중적으로 인간에게 말을 걸면서 미적 효과를 보여주는 것이야말로 쇼펜하우어의 예술 체계에서 음악이 특별한 위치를 차지하게 되는 중요한 요인이라고 지적하였다.[7]

쇼펜하우어는 각각의 예술이 속한 이념의 객체화 단계가 높으면 높을수록, 인간의 감정에 즉각적이고 강한 작용을 한다고 보았다. 음악은 세계의 그림자가 아니라 본질을 표현하므로 다른 예술보다 훨씬 빠르고 강렬하게 작용하여 최고의 감동을 불러일으킨다. 즉 음악이 주는 인상과 효과는 고유하고 강력하다. 그래서 쇼펜하우어에 따르면 "음악은 누구에게나 곧 이해되고", 다른 예술에 비해 "더 강하고 더 빠르며 더 필연적이고 더 확실"한 것이다. 이러한 측면 역시 음악과 다른 예술을 구별하는 중요한 특징이라고 할 수 있다.

음악과 언어: 절대음악의 미학

음악에 특별한 의미를 부여한 쇼펜하우어에게 가장 이상적인 음악의 유형은 어떤 것일까? 그는 어떤 작곡가를, 또 어떤 장르를 가장 선호하였을까? 이에 대한 해답의 실마리는 그가 음악을 감정의 언어로 이해하였다는 데에서 찾을 수 있다. 즉 그는 음악을 개념적으로 파악하지 않았고, 따라서 개념적 언어가 음악에서 중요한 역할을 하거나 개념적 대상을 모방하고 묘사하려는 음악을 높이 평가하지 않았다. 이러한 맥락에서 쇼펜하우어는 성악음악보다는 기악음악을 높이 평가하였고, 기악 가운데서도 구체적인 대상을 묘사하지 않는 순수 기악음악의 미학적 우위를 주장하였다. 특정한 목적이나 기능에서 벗어남은 물론이거니와 표제나 줄거리 같은 언어적 요소에서도 벗어난 순수 기악음악, 즉 절대음악이 쇼펜하우어가 지향하는 미학적 최종점에 있는 것이다.

쇼펜하우어는 절대음악이 "예술 중에서도 가장 강렬한

예술로서 오직 자신만을 위해서 자신이 감지하는 영혼을 완전하게 표현"한다고 보았다. 그에게 언어는 오직 "벗겨진 사물들의 외피"만을 제공하는 반면 음악은 가장 깊숙한 곳의 핵심을 제공하는 예술이기 때문에, 음악에 가사나 어떤 스토리가 있는 것이 중요하지 않은 것이다. 그래서 그는 표제음악에 매우 비판적이었다. 음악은 직접적으로 세계의 본질을 드러내야 한다고 보았기 때문에, "의식적인 의도를 지니고 개념을 통해 매개된 모방"은 가치가 없는 것이다. 이러한 경우에 "음악은 내적 본질, 즉 의지 그 자체를 표현하는 것이 되지 않고, 의지의 현상을 불충분하게 모방하는 것에 그친다."(WV 331-332) 쇼펜하우어는 이러한 예가 하이든의 〈사계Die Jahreszeiten〉(1801)나 〈천지창조Die Schöpfung〉(1796-1798)에서 나타난다고 비판적으로 언급하였다.

음악은 언어를 장식적으로 지지하는 것이 아닌, 전적으로 독립적인 예술이다. 이러한 맥락에서 쇼펜하우어가 이상적으로 본 장르는 교향곡이다. 쇼펜하우어는 베토벤의 교향곡에서 인간의 모든 감정을 군더더기 없이 추상적으로만 이야기하는 모습을 발견하였다. 또한 베토벤의 교향곡에는 아이러니하게도 최고의 혼란 속에 완전한 규칙성을 보여주는 능력이 있다고 보았다.[8] 그의 교향곡은 우리에게 "토대로서 가장 완벽한 질서를 갖는 가장 큰 혼란을 제시하고, 다음 순간에 가장 아름다운 화성으로 변형되는 격렬한 충돌을 제시한다. 헤아릴 수 없이 많은 형태의 끝없는 혼란 속을 굴러가면서 부단한 파괴에 의해 자신을 유지하는 것이 [···] 이 세계의 본성에 대한 진정하고 완전한 그림이다."[9] 즉 쇼펜하우어는 여기서 완벽한 세계 본질의 모방을 발견한 것이다.

반면 쇼펜하우어는 오페라를 비판적으로 보았는데, 특히 당시의 프랑스 그랑 오페라가 이질적인 예술적 매체를 쌓아놓는 것, 외형적 효과를 노리는 것 등에서 문제가 있다고 보았다. 그래서 그는 오페라보다는 오페라의 4중주 편곡에 더 깊은 감동이 있다고 말하기도 하였다.[10] 그렇다고 그가 모든 오페라를 비판한 것은 아니다. 쇼펜하우어는 오페라 작곡가 중에서 오류에 빠지지 않는 유일한 사람이 로시니라고 말하였다. "그의 음악은 실로 명료하고 순수하게 음악 고유의 언어로 말하기 때문에 전혀 언어를 필요로 하지 않고, 따라서 오직 악기만으로 연주해도 충분히 그 효과를 거둘 수 있다"는 것이다. 그래서 쇼펜하우어가 로시니의 오페라를 플루트 편성으로 연주하려 했다고도 기록되어 있다.

즉 음악과 언어의 관점에서 쇼펜하우어는 절대음악의 미학을 전형적으로 보여준다. 이는 그가 개념적 언어의 힘보다는 음악의 보편적 언어의 힘을 믿었기 때문일 것이며, 또한 음악이 인간의 가장 내면적인 움직임을 재현하기도 하면서 고통과 갈등에 차 있는 "현실의 고뇌에서 멀리 떨어져 있기 때문"에 절대음악을 옹호하였다고 볼 수 있다. 즉 음악이 보여주는 추상성이야말로 쇼펜하우어의 세계에서 중요한 것이었다.

음악의 형이상학

음악의 본질을 의지의 모방으로 상정함으로써 음악을 예술 체계에서 가장 높은 위치에 올려놓은 쇼펜하우어의 음악미학을 전체적으로 조망하자면, '음악의 형이상학'으로 압축할 수 있을 것이다. 즉 쇼펜하우어는 소리 나며 울리는 음악의 현상에 철학적인 의미를 부여한 것이다.

음악은 자기가 철학하고 있는 것을 모르는 정신의 숨겨진 형이상학의 연습이다.(WV 333)

음악은 이성이나 관념이 획득할 수 있는 것보다 더 깊은 보편성을 지니고, 어떠한 개념이나 언어적 명제가 획득할 수 있는 것보다 더 실제에 충실한 진리를 말할 수 있는 것이다. 쇼펜하우어는 음악을 개념적 추상의 '공허함'과 대조를 이루는 구체적인 직관적 인식의 일종으로 보았다. 음악이 사고와 관념에 의해서 매개되는 것들보다 더 깊은 통찰을 제공한다는 것이다. 그것은 직접적이고 즉각적인 의식으로서, 그 뿌리는 다른 어떠한 경험도 주장할 수 없는 방식으로 인간의 본성과 우주의 말로 표현할 수 없는 본성에 깊이 파고들어 존재의 가장 세밀한 본성을 정면으로 마주하게 한다는 것이다.

쇼펜하우어는 청자가 음악을 들을 때, 마치 "자기 앞에 인생과 세계의 모든 가능한 사상이 지나가는 것을 바라보는 듯한 느낌"을 받게 된다고 말한다. 그럼에도 "그 음악과 자기 눈앞에 떠오른 사상"은 별로 유사하지 않다고 본다. 왜냐하면 "음악은 현상의, 혹은 더 정확하게 말하면, 의지의 적절한 객관성의 모사가 아니라 의지 자체에 대한 직접적인 모사이며, 따라서 세계의 모든 형이하학적인 것에 대해 형이상학적인 것을 나타내고, 모든 현상에 대해 물자체를 나타낸다는 점에서 다른 모든 예술과 다르기 때문이다."

이러한 측면에서 음악은 형이상학적 의미를 지닌다. "따라서 세계는 의지를 구체화한 것이라고 말할 수도 있고, 음악을 구체화한 것이라고 말할 수도 있을 것이다." 뒤집어서 보면 음악은 세계 자체인 동시에 현상적 세계에서 가장 먼 존재인데, 바로 그 때문에 음악은 진리를 구현하는 철학을 능가할 수 있다고 쇼펜하우어는 주장하였다.

> 철학은 세계의 본질을 아주 보편적인 개념으로 완전히 정확하게 재현하고 표현하는 것에 불과하다면 […] 음악이 표현하는 것을 개념으로 자세히 재현할 수 있다면, 그것은 그대로 세계를 개념으로 충분히 재현하고 설명하는 것이 되며 […] 그것은 철학이 될 것이다.(WV 332)

쇼펜하우어에 따르면 음악은 불가사의하고 경이롭게도 전달할 수 없는 것을 전달하고, 말로 표현할 수 없는 것을 이야기하고, 개념으로 표상될 수 없는 세계의 가장 내밀한 본질을 제시한다. 음악은 "세계 자체와 마찬가지로 전체 의지의 즉각적인 객관화이고" 그것만이 "그 자체로는 결코 직접적으로 표상될 수 없는 원본의 모방"이라는 것이다. "이보다 더 야심 찬 음악에 대한 요구는 상상하기 어려울 것"이라고 말한 음악학자 보먼Wayne D. Bowman의 지적은 그래서 공감이 된다. 쇼펜하우어 음악미학의 중심 주제는 음악과 철학을 동일시하는 것 또는 음악을 철학 위에 놓고 절대화하는 것이라고 할 수 있다.[11]

삶을 긍정하려면 음악이 필요하다

- 슈트라우스의 〈차라투스트라는 이렇게 말했다〉와 니체의 음악철학

독일의 현대 작곡가 볼프강 림은 오페라 〈디오니소스Dionysus〉(2010)에서 니체의 9부작 서정시 「디오니소스 찬가」를 리브레토로 삼아 니체의 삶과 철학을 음악으로 형상화하였다. 니체를 상징하는 인물 N과 그리스 신화의 아리아드네, 마르시아스가 등장하여 인간의 내면세계를 깊이 파헤치는 이 오페라는 니체의 예술철학을 현대적으로 그리며 큰 주목을 받았다. 림뿐만 아니라 말러, 슈트라우스Richard Strauss, 쇤베르크, 힌데미트Paul Hindemith, 아이슬러Hanns Eisler 등 수많은 작곡가가 니체의 철학서를 작품의 텍스트와 소재로 삼았다. 왜 이처럼 많은 음악가들이 니체에게서 영감을 받는 것일까? 그 답은 니체의 삶과 철학에서 찾을 수 있다.

니체는 예술을 사랑했을 뿐 아니라 작곡가의 꿈을 가지고 음악에 심취했던 철학자다. 여섯 살 때부터 피아노를 배우기 시작하였고, 어린 시절부터 작곡을 시작하여 다수의 예술가곡과 피아노곡을 남겼다. 1864년경 본Bonn 학창 시절에 작곡한 12곡의 리트는 슈베르트와 슈만, 바그너의 영향을 받은 곡으로 문학적 내용과 성악 선율이 긴밀하게 연결된 작품으로 평가된다. 특히 바그너와의 밀접한 교류는 니체 철학에 큰 영향을 미쳤다. 이러한 배경하에 『음악의 정신으로부터의 비극의 탄생』(1870/71), 『바이로이트의 바그너』(1876), 『바그너의 경우』(1888), 『니체 대 바그너』(1888), 그리고 1869년부터 1872년까지의 유고에는 음악에 관한 그의 사상이 집약적으로 나타난다. 니체의 저작은 주제뿐 아니라 텍스트 자체도 매우 '음악적'이라는 평가를 받는다. 음악과 니체는 불가분의 관계인 것이다.

● ○ 음악듣기

R. 슈트라우스 Richard Strauss(1864-1949)**의 〈차라투스트라는 이렇게 말했다**Also sprach Zarathustra, Op. 30〉(1896)

'차라투스트라는 이렇게 말했다' 하면 철학자 니체를 떠올리지만, 슈트라우스의 교향시를 생각하는 사람도 많을 것이다.

1883년 발표된 이 철학서는 1896년 오케스트라 음악으로 형상화되었다. 음악과 철학의 밀접한 관계는 여러 측면에서 나타나지만, 이렇게 직접적으로 철학 저서를 음악 작품으로 사용한 경우는 매우 드물다. 흥미로운 점은『차라투스트라는 이렇게 말했다』에 대해 니체 자신도 "이 작품 전체를 음악으로 보아도 된다"라고 말했다는 것이다. 슈트라우스는 4부로 구성된 니체의『차라투스트라는 이렇게 말했다』에서 제목을 가져와 아홉 부분으로 이 교향시를 작곡하였다.

---

1. 도입부『차라투스트라는 이렇게 말했다』의 머리말
2. 배후 세계를 신봉하고 있는 사람에 대하여
3. 크나큰 동경에 대하여
4. 환희와 열정에 대하여
5. 무덤의 노래
6. 과학에 대하여
7. 건강을 되찾고 있는 자
8. 춤에 붙인 노래
9. 몽夢 중 보행자의 노래

이 교향시는 오르간 페달과 콘트라바순의 최저음 C로 시작하여 상행하는 금관 팡파르가 c단조와 C장조의 3화음으로 팀파니와 대비되어 나온 후, 전체 오케스트라가 등장하면서 웅장하게 시작한다. 곡의 음악적 흐름은 니체의 『차라투스트라는 이렇게 말했다』 머리말에 등장하는 '낙타와 사자, 어린이'를 중심으로 한 '정신의 세 변화'를 표현하는 것으로 해석되기도 한다.12 물론 니체의 철학서와 이 음악 작품의 직접적인 관련성에 대해서는 이견이 있을 수도 있지만 슈트라우스가 단지 세간의 주목을 끌기 위해 이 작품을 사용했다는 의견도 있다. 하지만 이 교향시의 드라마틱한 음악적 흐름은 분명 니체 철학과 연결고리를 만들어내고 있다.

그래서인지 이 교향시는 영화와 광고 등에 사용되었는데, 특히 인간의 진화와 테크놀로지의 발전, 우주를 주제로 한 스탠리 큐브릭Stanley Kubrick 감독의 영화 〈2001 스페이스 오딧세이〉(1968)가 주목된다. 이 영화에서 슈트라우스의 음악은 유인원이 동물의 뼈를 도구로 사용하면서 이를 하늘로 던지는 순간과 우주에서 표류하던 주인공 데이브가 임종을 앞두고 새롭게 태어나는 자신과 조우하는 마지막 장면에 사용돼 많은 이들에게 강렬한 인상을 주며 니체의 초인사상을 연상시켰다.

음악에 비하면 모든 현상은 비유에 불과하다

"대체로 나는 여태까지 등장하였던 어떤 철학자보다 예술가를 훨씬 더 좋아한다"라고 말할 정도로 니체는 예술을 사랑하였고, 철학과 동등한 관점에서 예술에 접근하였다. 그는 "실존과 세계는 오로지 하나의 미적 현상으로만 정당화"된다고 말하며, 예술을 인간의 순수한 형이상학적 활동으로 보고 의미를 부여하였다.(Bd. 2 비극, 16)[13]

그리스 비극에 나타난 특성을 연구하면서 니체는 예술을 두 가지 유형, 즉 아폴로적 예술과 디오니소스적 예술로 구분하였다. 아폴로적 예술에는 조형예술(조각)과 서사문학이 속하며, 디오니소스적 예술에는 비조형적 예술인 음악과 서정문학이 속한다. 이 두 유형은 서로 대립적인 특성을 지니는데, 아폴로적 예술이 '꿈'의 개념을 대변한다면 디오니소스적 예술은 '도취'를 특성으로 한다. 이러한 특성은 아폴로적 '관조'와 디오니소스적 '무아경'으로 연결된다. 아폴로는 개별화의 원리를 신적인 것으로 만드는 반면에, 디오니소스는 개별화의 길을 파괴하고 '존재의 어머니로 향하는 길'을 마련하며 '사물의 가장 내면적 핵심'을 개방한다. 이러한 니체의 예술 분류는 동시에 두 가지 예술적 속성으로도 접근되었다. 그는 예술의 원동력을 '아폴로적인 것'과 '디오니소스적인 것'으로 규정하였고, 이 두 요소가 "항상 서로 뒤이어 새롭게 태어나면서, 그리고 상호 강화해나가면서" 예술이 발전하였다고 보았다. 즉 예술의 발전을 아폴로적인 것과 디오니소스적인 것의 결합에 의한 것으로 본 것이다.

이러한 맥락에서 '그리스 비극'은 예술의 두 요소가 이상적으로 결합한 형태로, 니체의 미학에서 중요하고도 독창적인 의미를 지닌다. 예술의 두 힘인 디오니소스적인 것과 아폴로적인 것을 포함하는 그리스 비극은 "자연의 예술충동"을 최고로 발휘하는 이상적인 예술의 형태로, 니체의 예술관에서 중심 잣대가 되는 것이다. 그런데 음악의 관점에서 가장 주목되는 니체의 주장 중 하나는 이러한 비극이 바로 음악에서 탄생하였다는 것이다. "즉 원래 비극은 '합창'이었을 뿐 '연극'은 아니었다."(Bd. 2 비극, 74)

이렇게 니체는 자신이 이상적으로 설정한 예술 형태인 그리스 비극이 음악에서 탄생하였다고 주장함으로써 예술 가운데서 음악에 가장 높은 의미를 부여하는 계기를 마련하였다. 니체는 비극의 본질을 음악의 상징에서 찾을 수 있다고 보았고, 따라서 "음악에 비하면 모든 현상은 오히려 비유에 불과"한 것이었다.(Bd. 2 비극, 61) 이러한 입장에는 아폴로적인 것과 디오니소스적인 것 중 예술의 근간을 이루는 것은 디오니소스적이라는 니체의 주장이 함축되어 있다고 볼 수 있다. 왜냐하면 니체는 음악을 디오니소스적 예술로 규정했을 뿐만 아니라, 디오니소스적 음악이야말로 최고의 예술이라고 보았기 때문이다.

> 음악은 디오니소스적 보편성을 비유 형식으로 최고의 의미를 가지고 나타나게 한다.(Bd. 2 비극, 126)

즉 니체는 아폴로적 요소와 디오니소스적 요소의 상호작용이 예술을 이끄는 원동력이지만, 예술의 진정한 본질은 디오니소스적인 것이며 이는 음악에서 발현된다고 보았다. 이에 음악은 예술이 지니는 형이상학적 세계를 드러낼 수 있는 최고의 예술로 자리매김하게 되었다.

디오니소스적 정신의 발현

밀란 쿤데라Milan Kundera의 소설 『참을 수 없는 존재의 가벼움』에는 음악과 디오니소스가 연결되어 나온다.

> 프란츠에게 음악은 도취로서 이해되는 디오니소스적 아름다움에 가장 근접하는 예술이다. 소설이나 그림에 의해 도취되기란 힘들다. 하지만 베토벤의 〈교향곡 제9번〉, 바르토크의 〈두 개의 피아노와 타악기를 위한 소나타〉, 혹은 비틀즈의 노래에 우리는 쉽게 도취될 수 있다. [⋯] 그에게 음악은 해방이다. 음악은 그를 고독, 한적, 책 먼지에서 해방시켜준다. 음악은 그의 육체의 문을 열어주고, 이를 통해 그의 영혼은 세상으로 나가 친교를 맺을 수 있다.[14]

늘 얼큰하게 취해 있는 디오니소스, 아폴로의 이지적인 모습과는 대조되는 디오니소스를 키워드로 음악을 설명하는 이 부분은 음악적 소양이 높았던 쿤데라가 니체의 영향을 받았음을 보여준다. 니체가 예술에 형이상학적 의미를 부여하고, 그 가운데 음악을 높이 평가하게 되는 출발점은 바로 음악을 디오니소스적 예술로 규정한 것이다.

니체가 말하는 디오니소스적 특성에는 첫째로 '도취', '주관성', '자기 망각' 등의 주장이 함축되어 있으며, 이는

'반反이성주의', '반反논리주의'를 지향한다. 이러한 입장은 그리스의 신 아르킬로코스Archilochos를 호메로스Homeros와 비교하는 니체의 논의 속에서 찾을 수 있다. 니체가 최초의 주관적 예술가로 본 아르킬로코스는 "실존을 거칠게 살아온 전투적 뮤즈의 시종"으로서, "증오와 조소의 외침을 통하여, 도취 상태에서 자기 욕망의 분출을 통하여 우리를 놀라게 한다."(Bd. 2 비극, 50) 이에 대립되는 아폴로적 예술가는 호메로스다. 『일리아드』, 『오디세이』의 저자로 알려진 이 서사시인 호메로스를 니체는 '아폴로적인 소박한 예술가의 전형'으로 보았다.

이 두 예술가 유형을 객관적 예술가와 주관적 예술가로 구분하면서 니체는 그동안 객관적 예술가는 높이 평가된 반면, 주관적 예술가는 평가절하되었다고 비판한다. 즉 지금까지 예술의 모든 종류 및 단계에서 주관적인 것의 극복과 모든 개인적 의지와 욕망의 억제가 요구되었고, 객관성을 통해서만 진정한 예술가적 생산이 가능하다고(Bd. 2 비극, 50) 믿어왔다는 것이다. 그렇지만 니체는 승화되고, 절제되고, 정제된 예술이 본질적인 것이 아니라 '도취 상태에서 자기 욕망을 분출'하는 것이 예술의 본모습이라고 보았다.

말하자면 니체가 생각하는 예술이란 그리스 시대의 시인 아르킬로코스처럼 '증오와 조소의 외침을 통하여, 도취 상태에서 자기 욕망의 분출'을 보여주는 것이다. 이처럼 '도취'는 예술의 필수 전제 조건인 것이다.

> […] 예술이 있으려면, 어떤 미적 행위와 미적 인식이 있으려면 특정한 생리적 선결 조건이 필수적이다: 즉 도취라는 것이. 도취는 우선 기관 전체의 흥분을 고조시켜야만 한다: 그러기 전에는 예술은 발생하지 않는다. […] 도취에서 본질적인 것은 힘이 상승하는 느낌과 충만함의 느낌이다.(Bd. 15 우상의 황혼, 147-148)

즉 도취는 니체에게 예술의 본질이며, 따라서 음악은 궁극적으로 주관적인 예술이 되어야 한다고 그는 주장한다.

둘째, 니체는 음악이 주관성을 표출한다는 토대하에 특히 내면의 '고통', '모순', '공포', '전율'과 같은 상태를 드러낼 수 있는 예술이라고 주장한다. 자신이 이상적 예술의 모형으로 보았던 그리스 비극은 인간의 행복을 노래한 것이 아니라 '오로지 디오니소스의 고통만을 대상'으로 하였다고 말하면서, 진정한 음악이란 인간의 고통을 외면하지 않고 그려내야 한다고 하였다. "디오니소스적 음악은 특히 그들에게 공포와 전율을 불러일으켰다."(Bd. 2 비극, 38) 니체에 따르면, 이러한 '고통'과 '모순'은 음악에서 불협화음을 통해 나타낼 수 있다. 협화음이 음 체계에서 '조화'를 표현한다면, 불협화음은 우리 귀에 고통스럽게 들리지만 사용된 음 체계의 관계에서 '모순'을 표현한다고 말한다.[15]

니체가 언급한 불협화음은 1865년 뮌헨에서 초연된 〈트리스탄과 이졸데〉의 서곡에 나오는 화음 같은 것이었다.(Bd. 2 비극, 152-179) 반면 아폴로적 예술의 진정한 의도는 '불협화음이 가진 고유한 본질을 아름다움의 베일로 은폐'하는 것, 즉 가상의 세계를 만들어내는 것이다. 그러나 디오니소스적 예술은 가상을 만드는 미화 작용에 의해서가 아니라 '개별화 원리의 파괴'를 통해서 자신의 본분을 행한다. 개별화의 원리가 깨질 때 인간은 공포와 황홀감을 느끼며, 공포의 세계상이 드러나게 된다. 즉 음악은 '가장 나쁜 세계'의 실존조차 정당화할 수 있다는 것이다. 이처럼 디오니소스적 예술로서의 음악은 고통을 외면하지 않고 직시하며, 이를 통해 현상의 세계 전체를 소생시켜주는 영원하고 근원적인 예술의 힘으로 작용한다고 니체는 말한다.

셋째, 앞에서 언급한 두 가지 측면은 궁극적으로 '힘에의 의지'로 종합할 수 있다. 니체는 '음악이 형상과 개념의 거울 속에서 무엇으로 나타나는가?'라는 질문을 던지면서 '그것은 의지로서 나타난다'라고 답한다. 즉 디오니소스적 예술로서의 음악은 '의지 자체'를 드러낸다는 것이다. 그렇다면 니체에게 '의지'란 무엇일까? 니체는 "쇼펜하우어의 이론에 따라 우리는 음악을 의지의 언어로 직접 이해하게 되고, 우리에게 말을 걸어오는 보이지 않지만 생생하게 움직이는 정신세계에 형태를 부여하고 그것을 유사한 보기로 구체화하고 싶은 우리의 환상이 발동하는 것을 느낀다"(Bd. 2 비극, 126)라고 말하며, 쇼펜하우어적 의미에서 '의지'의 개념을 사용하고 있음을 밝혔다. 니체는 음악이 '현상이 아니라 내적인 본질만을, 그러니까 모든 현상의 본질인 의지 자체를 표현한다'라는 쇼펜하우어의 음악적 형이상학을 받아들여, 음악이 세계의 본질을 드러낸다는 것을 강조한 것이다.

말과 형상은 음악의 도움 없이는 이런 형이상학적 의미를 결코 얻을 수 없을 것이다. 특히 음악을 통해 비극의 청중은 최고의 환희를 예감한다. 이 환희에 이르는 길은 몰락과 부정을 통과하며, 그래서 청중은 사물의 가장 내적인 심연이 명료하게 말하는 듯이 귀를 기울여 듣는다.(Bd. 2 비극, 155)

이러한 주장의 이면에는 삶을 긍정하는 니체의 철학적 시각이 존재한다. 니체는 우리의 현실적이고 경험 가능한 세계가 유일하게 실재하는 세계라는 믿음을 가졌다. 여기서 '신은 죽었다'라는 주장과 더불어 초월적인 영역이란 존재하지 않기 때문에 우리의 도덕과 가치는 그곳에서 우리에게 오는 것일 수 없다고 하며, 현 존재의 긍정을 강조하였다. "인간을 정당화하는 것은 그의 실재 모습이고 - 이것은 인간을 영원히 정당화해줄 것이다."(Bd. 15 우상의 황혼, 167)

이러한 맥락에서 니체에게는 삶의 긍정이 가장 귀중한 활동이며, 또한 그 배후에 있는 충동, 즉 삶에의 의지라든가 세계 속에서 자신의 현존을 주장하려는 것, 모든 장애를 물리치려는 의지가 중요하다. 자기 자신의 존재를 지속적으로 유지하기 위해서 다른 사람이나 사물과 맞서 싸우려는 것 같은 욕구는 정당한 것이고, 이를 그는 '힘에의 의지'라고 불렀다. 다시 말하면 '힘에의 의지'는 세계의 본질이며, 음악에서 이 의지가 드러날 수 있고, 이를 통해 예술 활동은 삶의 어두운 디오니소스적 심연에도 불구하고 삶을 긍정하게 한다. 이런 긍정을 니체는 '디오니소스적 지혜'라고 부른다. 디오니소스적 지혜는 삶의 고통을 발견할지라도 어떤 회상이나 위로를 필요로 하지 않은 채로 삶을 사랑하고 긍정하는 것이다.[16]

니체 vs 바그너

바그너는 니체의 예술 철학에 큰 영향을 미친 인물이다. 니체는 1868년 그의 나이 스물네 살에 바그너를 만났고, 이후 인간적으로 친밀한 관계를 맺으며 정신적인 영향을 주고받았다. 니체의 첫 저서 『음악의 정신에서 나온 비극의 탄생』(1872)은 바그너의 사상적 영향을 가장 강하게 보여주는 책으로, '바그너에게 바치는 서문'이 첨가되어 있다. 계속해서 니체는 바그너를 주제로 한 일련의 저서를 발표하였다. 그러나 니체의 열광적인 존경에 근거한 바그너와의 친밀한 관계는 8년 정도 지속되다가 1876년 여름에 결렬되었고, 이후 니체는 신랄한 바그너 비판자로 변하였다.

철학자와 음악가의 이러한 밀접한 관계는 니체의 음악 미학에서 빼놓을 수 없는 한 축을 형성한다. 니체와 바그너의 관계는 어떻게 이해할 수 있을까? 니체가 어떠한 측면에서, 왜 바그너를 높이 평가하였으며, 나중에는 왜 그를 비판하게 되었는지를 살펴보자.

> 〈트리스탄〉의 피아노 악보가 주어졌던 순간부터 […] 나는 바그너주의자였다. […] 나는 〈트리스탄〉의 위험한 매혹과 전율스럽고도 달콤한 무한성에 필적할 만한 작품을 찾고 있으며 - 모든 예술을 다 뒤져보았지만 헛수고였다. 레오나르도 다빈치의 온갖 신비함도 〈트리스탄〉의 첫 음이 울리면 그 매력을 상실한다.(Bd. 15 이 사람을 보라, 364)

니체는 바그너가 음악적으로 '사유'한다는 것, 즉 작곡가가 "음향으로 철학을 하게 되었다"는 것을 보여준 중요한 작곡가라고 보았다. 철학자가 "형상과 행위가 없는, 단지 개념"으로 자신의 사상을 표현하는 데 비해, 바그너는 〈니벨룽의 반지Der Ring des Nibelungen〉에서 "사상의 개념적 형식이 없는 하나의 거대한 사상 체계"를 보여준다는 것이다.(Bd. 6 바이로이트, 77) 특히 〈트리스탄과 이졸데〉에 대하여 니체는 "사실상 모든 예술의 형이상학적 작품"이라고 표현하며 극찬하였으며, 자신이 추구한 것의 진수를 발견하였다고 말하였다.

또한 니체는 바그너의 음악에서 자신이 이상적으로 규정한 디오니소스적 정신을 발견하였다. 디오니소스 정신이 사라진 당대의 문화를 비판한 니체는 바그너에게서 '한계를 넘나드는 예술성', '강렬하고 섬세한 감정의 표출', '열정적 투쟁' 등 디오니소스적 정신을 찾았다. "바그너는 감정의 모든 정도와 모든 색채를 아주 확고하고 명료하게 포착"(Bd. 6 바이로이트, 86)하며, 그가 "바라보는 모든 것은 자연의 힘을 해방시키기 위해, 자연의 깊이 감추어진 비밀을 폭로하기 위해 무서운 속도로 자연을 내몬다."(바이로이트, 59) 그래서 바그너에 의해 "비극이 탄생하고, 그렇게 비극적 사유의 지혜인 가장 영광스러운 지혜가 삶에 선사된다."(바이로이트, 60) 이러한 맥락에서 바그너는 바흐-베토벤으로 이어지는 독일 음악의 계승자로서, 소크라테스적 문화의 병폐에서 깨어나게 하는 역할을 하고 있다고 보았다.

그렇지만 1876년 이후의 저작에는 바그너에 대한 날카로운 비판이 주를 이룬다.

> 바그너의 예술은 병들었습니다. […] 바그너는 노이로제 환자입니다. […] 바그너는 음악에게 엄청난 불운입니다.(Bd. 15 바그너의 경우, 30-31)

니체는 자신의 초기 열광에 대해 "나는 부패할 대로 부패한 바그너주의자 중 한 사람"이었다고 고백하면서(Bd. 15 바그너의 경우, 3) 반성하였다. 니체의 바그너 비판은 무엇보다도 쇼펜하우어 식 허무주의적 철학 및 기독교에 대한 비판으로 나타났고, 인간 바그너에 대한 비판으로도 이어졌다. "바그너가 도대체 인간이란 말입니까? 그는 오히려 질병이 아닐까요? 그가 건드리는 모든 것을 그는 병들게 합니다 - 그는 음악을 병들게 했습니다."(Bd. 15 바그너의 경우, 28-29) 〈파르지팔Parsifal〉에 대해서 "도덕적이고 종교적인 불합리의 되풀이에 질식당하는 것"이라고 언급한 것에서 나타나듯이(Bd. 15 바그너의 경우, 25-26), 바그너가 자신의 작품에 종교와 윤리를 드러낸다는 점도 지적하였다.

더 나아가 니체는 바그너의 대중 선동적 특성이 일종의 '마취제' 역할을 한다고 비판했다. 니체는 특히 바그너가 만들어낸 '바이로이트'는 "예술이 여타 비참한 상태에서 벗어나기 위한 치유제이자 마취제로서 유효한 것처럼" 청중을 잘못된 길로 이끌고 있다고 보았다(Bd. 5 바이로이트, 34)

이러한 비판의 원인은 니체가 '디오니소스적 음악을 고수하며 음악의 절대성을 완강하게 주장'하기 때문이며, 또한 낭만주의적 음악에 대한 니체의 비판이 음악극의 작곡가 바그너를 비판하게 하였다고도 논의된다.[17] 또한 니체가 8년에 걸친 바그너와의 절친한 관계에서 독립할 필요성이 있었다는 개인적인 문제도 제기되었다.[18] 결국 문화, 삶, 음악 사이의 밀접한 관련성을 더욱 중시하게 된 니체에게 외형적 효과를 지향하고 허무주의적 색채를 강하게 보이는 바그너의 음악은 퇴폐적으로 받아들여진 것이다.[19]

그렇다면 바그너에 대한 이처럼 상반되는 니체의 태도를 어떻게 해석할 수 있을까? 그는 한편으로 바그너라는 우상을 통해 자신의 철학적 사상을 전개하는 데 원동력을 얻었다면, 다른 한편으로는 여기에서 벗어나서 자신의 독자성을 확립하고자 하는 강한 욕구를 지니게 되었다고 볼 수 있다.

> 바그너에게서 등을 돌린 것은 내게는 하나의 운명이었으며; 이후에 무언가를 다시 기꺼워하게 된 것은 하나의 승리였다.(Bd. 15 바그너의 경우, 11)

즉 바그너에 대한 찬반 입장이 근본적으로는 바그너에 대한 니체의 관심 표명이었으며, 더 나아가 음악에 대한 니체의 관심에 근거한 것이다. 그러므로 바그너는 니체의 철학적 사상을 구체화하는 핵심적 역할을 했다고 할 수 있다. 니체는 바그너를 통해서 그의 음악미학이 철학 분야뿐 아니라 아니라 음악사에서 영향을 미칠 수 있는 연결고리를 발견했던 것이다. 더 나아가 니체의 음악미학적 의미는 바그너에 대한 자신의 저작을 통해서 한 단계 더 높아질 수 있었다. 니체는 바그너라는 인물을 통해 음악에 보다 구체적으로 접근하였으며, 음악 자체가 아니라 특정한 역사적 발전 단계의 음악, 즉 베토벤의 교향곡과 바그너의 음악극이 '의지 그 자체' 또는 세계 근본의 표현이며 계시라고 주장함으로써 음악사의 발전 단계에 대해 분명한 가치 평가의 기준을 제시한 것이다.

또한 바그너와 니체의 관계에서 주목해야 할 부분은, 바그너의 음악이 니체에게 '철학적 사건'으로 받아들여졌다는 것이다. 기본적으로 세계의 본질을 파헤치고자 하는 문제를 니체는 예술에서 찾았고, 그래서 그는 '예술가-형이상학'을 제시하였는데, 그 기본을 이룬 것이 바로 바그너의 음악이었다는 점이다. 즉 "바그너의 철학적 표명이 아니라, 바로 그의 음악이 철학적 사건으로 받아들여졌다."[20] 이러한 측면은 음악과 철학의 관계에서 새로운 이정표를 세운 것으로, 두 분야의 연결을 보다 더 확고하게 한 것으로 볼 수 있다.

구원과 긍정의 예술

'생生철학'이라고 부르듯이 니체의 철학은 삶을 긍정하였고, 여기에는 예술이 중심적 역할을 하였다. "예술이고 예술일 뿐이다! 예술은 삶을 가능하게 하는 대단한 자, 삶에의 대단한 유혹자이며, 삶의 대단한 자극제다." 특히 그에게 음악은 인식의 세계를 넘어서는 무한한 동경의 세계였고, 삶의 본질을 드러내는 예술이었다. 이러한 니체의 미학이 오늘날 우리에게 의미하는 바는 무엇일까?

니체의 음악미학에서 특히 주목되는 점은, 음악을 이성적·합리적으로 접근하기보다는 주관적·감성적으로 접근했다는 것이다. 디오니소스적 음악은 인간을 신비한 자기표현의 상태로 이끌고, 자기표현을 극대화할 수 있게 한다. 디오니소스의 황홀이 인간에게 도취의 초월적 차원을 열어준 것이다. 이로써 니체는 이성을 넘어서서 인간의 충동성에 긍정적 가치를 부여하였다. 그리고 이러한 새로운 인식을 토대로 미적 가치나 미적 판단을 전적으로 인간 중심적인 가치이자 판단으로, 인간의 생리적 조건들에 의해 제약되고 또 그 조건들을 반영하는 가치이자 판단으로 끌어왔다고 볼 수 있다.[21] 아름답다고 판단하는 것은 그 대상이 아름다운 속성을 지니고 있어서가 아니라 오히려 주체의 주관적 판단 때문이며, 이때 주체는 도취 상태에 있어야 한다고 니체는 말한다. 주체가 도취 상태에서 에너지 상승의 느낌을 경험함으로써 아름다움을 경험할 수 있다는 것이다. 이는 개념과 언어에 갇혀 객관성이라는 절대 원칙의 테두리 안에 있었던 전통적 미학에서 벗어난 '주관성의 미학'을 대변하며, 예술을 인식의 한 도구로 보는 입장에서 벗어난 '향유로서의 미학'을 보여준다.

이러한 측면에서 니체의 미학은 예술적·음악적 가능성을 다양하게 열어준다. 그래서 철학자 들뢰즈Gilles Deleuze의 니체 해석은 더더욱 흥미롭다. "디오니소스는 나타나는 모든 것을, '심지어는 가장 쓰디쓴 괴로움조차도' 긍정한다. 그는 긍정되는 모든 것 속에 나타난다. 다수적이고 복수적인pluralist 긍정 – 이것이 비극적인 것의 본질이다."[22] 즉 니체는 긍정을 통한 다양성의 미학을 피력하였다고 볼 수 있다. 이러한 논의에서 드러나듯이, 니체의 디오니소스적 음악관은 20세기 후반기 음악에서 드러난 '음악적 포스트모더니즘' 미학의 근간을 이룬다. 니체는 인식에 근거한 모더니즘적 사고에 반기를 드는 주관성을 강조하였고, 삶과 예술의 밀접한 연결고리를 통해 다양한 예술적·음악적 사고를 열어주었으며, 더 나아가 이를 향유할 수 있는 권리도 견고하게 해준 것이다.

니체는 "한 철학자가 자기 자신에게 가장 먼저 그리고 마지막에도 요구하는 바는 무엇인가?"라는 질문을 던진 후, "자기가 사는 시대를 자기 안에서 극복하며 '시대를 초월하는' 것이다"라고 대답한다.(Bd. 15 바그너의 경우, 서문)

즉 니체는 철학자로서 한 단계 높은 세계를 추구하였다. 그리고 이러한 주장의 중심에는 예술, 특히 음악이 자리 잡고 있으며, 이러한 사유 속에서 니체는 현대음악 문화의 미학적 담론을 선구적으로 보여주었다.

음악은 진리를 드러내는 예술인가?

– 쇤베르크의 〈달에 홀린 피에로〉와 아도르노의 음악철학

"예술은 장식이어서는 안 된다. 진실이어야 한다!"

〈달에 홀린 피에로Pierrot lunaire〉(1912)의 작곡가 쇤베르크가 한 말이다. 아름다운 선율과 풍성한 화성으로 우리 마음을 감동시키는 음악이 아니라, 어떤 진실의 세계를 본질적으로 드러내는 음악을 추구한 것이다. 철학자 아도르노는 쇤베르크의 이런 음악과 생각에서 자신의 미학적 이상을 발견하였고, 저서 『신음악의 철학』(1949)을 통해 현대음악의 철학적 위상을 더욱 확고하게 하였다. 아도르노는 어떤 음악가도 쇤베르크보다 "더 탁월하게 밀집되고 농축된 형식을 보여주지 못할 것"이라고 말하며, "순간으로 수축된 음악은 부정적 경험에서

싹튼 진실한 음악으로서 현실적 고뇌에 대한 응답"이라고 보았다.[23] 이 두 사람의 공통점이라면 음악이라는 예술을 통해서 궁극적으로 '진리'의 세계를 구현하고자 했다는 것이다.

과연 음악은 진리의 세계를 구현할 수 있을까? 이에 대해 확실하게 긍정적인 답변을 한 철학자가 아도르노다. 그는 전통적 개념 철학을 비판하며 예술을 통한 심미적 사유에서 철학적 가능성을 발견하였고, 예술 가운데서도 특히 음악을 중심에 두었다. 고대 그리스 이래로 철학과 음악의 관계는 매우 밀접했으며, 많은 철학자가 예술을 논하며 그 가운데 음악에 관심을 가졌지만 아도르노만큼 음악에 높은 관심을 보이며 전문적 지식을 소유한 철학자는 거의 없었다.

아도르노는 아침에 일어나 베토벤 소나타를 연주하는 것으로 하루를 시작할 만큼 음악과 함께하는 삶을 살았다. 그는 스스로 음악을 작곡·연주하고 분석하면서 음악에 대한 비평문을 발표하였고, 다양한 음악가와 교류하며 폭넓은 음악적 경험을 쌓았다. 그가 작곡한 리트와 실내악곡은 출판되고 음반으로 발매되었으며, 연주회장의 레퍼토리로 등장하기도 할 정도였다. 또한 그는 음악과 관련된 많은 저서를 발표하였고, 유고집으로 추가된 음악 관련 저서도 사후에 출간되었다. 쉽게 읽기 어려운 아도르노의 독특한 문체 역시 음악적이다.

그렇지만 무엇보다 중요한 것은 아도르노가 어떤 철학자보다 예술에 중요한 의미를 부여하였고, "아마도 엄격하고 순수한 예술 개념은 오로지 음악에서만 얻어질 수" 있다고 말하며 음악의 중요성을 역설하였다는 점이다. 과연 아도르노는 음악에서 어떤 가능성을 발견한 것이며, 왜 쇤베르크가 그 중심에 자리 잡고 있을까? 아도르노를 통해 음악과 진리의 관계를 알아보자.

●○ 음악듣기

쇤베르크Arnold Schönberg(1874–1951)**의 〈달에 홀린 피에로**Pierrot lunaire〉(1912)

쇤베르크의 〈달에 홀린 피에로〉는 1913년 초연 당시 "혼동이 지배하며 카오스적"이며 "건강한 사람이 역겨움을 느끼는 음악"이라는 평이 나올 정도로 청중을 충격으로 몰아넣었다.[24] 이 곡은 조성이 해체된 대표적인 무조음악으로, 반은 노래하고 반은 말하는 독특한 성악 기법(말하는 선율Sprechstimme)과 그로테스크한 텍스트, 색채적 음향 등이 당시에는 파격적이었던 것이다. 또한 이탈리아의 코메디아 델 아르테Commedia dell'arte의 전통에서 영향을 받아 피에로 등 광대가 등장하는 가사에는 죽음의 은유, 색채의 대조, 세기 전환기의 유미주의 그리고 사회비판적인 내용이 담겨 있어서 청중으로서는 불편했을 것이다. 그렇지만 이제 이 작품은 현대음악계의 고전으로 자리매김하였을 뿐 아니라, 아도르노가 음악의 의미를 논하는 데 있어 대표적인 작품으로 높이 평가받고 있다.

이러한 평가의 변화는 예술의 아름다움과 의미의 척도가 급격하게 달라지고 있음을 보여준다. 이 곡을 만들 당시 쇤베르크는 일기장에 '음향은 여기서 감각과 영혼의 움직임에 대한 아주 동물적이고 직접적인 표현이 될 것'이라고 써놓으며 작곡에 몰입하였다. '옛 미학의 사슬'에서 벗어나 내면의 강렬함을 드러내는 음악을 추구한 쇤베르크는 전통적인 미의 기준이나 척도에 맞지 않는 새로운 아름다움을 제시하고자 한 것이며, 아도르노는 바로 이러한 특성이 현대 예술에 의미 있는 방향을 제시한다고 보았다.

귀로 생각하기

예술에 대한 아도르노의 관심은 기본적으로 그의 철학적 토대와 깊은 관련이 있다. 그는 『계몽의 변증법』(1944)에서 오디세이 신화를 통해 자신의 철학을 펼쳤다. 이 신화의 주된 내용은 전쟁에서 승리한 오디세이가 집으로 돌아오기 위해 항해하는 것이다. 바다의 한 지점에서는 바다 요정들이 노래로 뱃사람을 꾀어 죽음으로 몰고 갔는데, 오디세이는 꾀를 써서 부하들의 눈과 귀를 막고 생존을 향해 무조건 노를 저어가도록 함으로써 무사히 귀환했다. 아도르노는 여기서 나타나는 오디세이의 시도를 최초의 계몽적 사고로 보았다. 오디세이는 '꾀를 아는' 계몽적 인간을 상징하며 사회의 일원을 '관리하고자' 하는 권력의 이데올로기를 보여주는 예로서, 보편성이라는 이름하에 저질러진 비인간적인 지배를 상징한다는 것이다. 반면 귀를 막고 노를 저어가는 부하들은 살아남기 위해서 자기 자신을 부정하는 한 사회의 일원이며, 이때 사회에 순응한다는 것은 자신의 본질을 버린다는 것을 의미한다고 아도르노는 역설하였다.

이 신화가 보여주듯이, 아도르노는 계몽적 사고가 여러 가지 부정적인 결과를 낳았다고 주장하였다. 개념적 사고는 모든 것을 통일적으로 체계화하면서 보편성을 추구하고, 계몽의 핵심 원동력인 이성은 '자유로운 공동체적 삶'이라는 목표를 명분으로 내세움으로써 이런 목표를 실행하는 데 발생하는 모순을 '전체'의 입장에서 모두 무시하게 되었다는 것이다. 즉 이런 사회에서는 전체라는 보편성이 지배하며, 이를 통해 개인을 억압하게 된다고 보았다.

그러므로 아도르노는 계몽적 사고를 통해 가시화된 보편성·통일성을 거부하였고, 그래서 '전체는 비진리이다'라는 주장을 하면서 '비동일성das Nicht- Identische의 철학'을 펼쳤다. 즉 동일화할 수 없는 것, 다른 어떤 것으로도 환원할 수 없는 것을 아도르노가 추구했다는 것이다. 그는 계몽의 자기 배반을 야기한 근본적인 원인을 무엇보다도 개념적 사유라고 보았고, 개념적 사고를 하는 철학이 이러한 모순적 상황에서 탈출할 수 있는 유일한 길이 '심미적 사유'

를 회복하는 것으로 생각했다. 철학적 사유는 이제 그 개념적 사고에서 탈피해야만 한다는 것이며, 개념적 사고를 벗어나 진리로 향할 수 있는 가능성을 아도르노는 바로 예술에서 발견한 것이다. 아도르노에게 예술이란 대상을 인식 주체의 목적에 종속시켜 개념에 동일화하는 동일화 사고Identitätsdenken에 머무르지 않고, 대상에게 자신을 비슷하게 그리고 친화력 있게 함으로써 진실하게 인식할 수 있는 능력을 갖추고 있다는 것이다. 예술 가운데서도 음악은 특히 중요하다. 왜냐하면 음악은 '음'이라는 추상적 재료를 통해 주관적인 의식의 흐름 속에서 자신의 존재를 드러내는 비개념적인 예술이기 때문이다. 이러한 음악적 재료의 속성은 예술 중에서도 음악을 구체적인 대상에서 가장 멀리 떨어진 비대상적인 예술로 만든다.

> 음악은 뜻을 가리키는 언어에 비해 전혀 다른 종류의 것이다. 음악은 신학적인 면을 포함한다. 음악이 말하는 것은 드러나기 위한 것이기도 하지만 동시에 숨겨져 있기도 하다. 음악이 생각하는 것은 신적神的 이름의 형상이다. 음악은 비신화화된 기도이고 효과를 내는 마술로부터 벗어나 있다.

음악은 인간들이 그 이름을 짓고자 하는 헛된 노력에 그 뜻을 가르쳐 주지 않는다.[25]

즉 음악은 개념적으로 고정되지 않음으로써, 개념적 사고에서 벗어날 수 있게 된다는 것이다. 이러한 면에서 아도르노는 음악의 시간성에 주목하였다. 음악은 시간의 흐름 속에 존재하면서 고정되지 않고, 음악의 이러한 비고정성은 개념적 철학과 대립되면서 여기서 벗어날 수 있는 새로운 가능성을 제시하기 때문이다. 이 때문에 음악은 서양의 전통적 사유로부터 벗어날 수 있는 결정적인 계기를 제공한다. 시각 중심주의적인 서양의 사유 체계 속에서 관심의 대상이 되지 못했던 소리와 음악의 정당성이 제기된 것이다. 그래서 음악은 "귀로 생각하기Mit den Ohren denken"라는 새로운 사유 모델을 제공한다고 할 수 있다.[26] 아도르노가 '위대한 음악은 개념 없는 종합'이라고 말한 것도 바로 이러한 맥락에서 이해할 수 있다.

왜 아우슈비츠 이후에는 서정시를 쓰는 것이 불가능한가?

예술에서 비동일성 철학의 가능성을 발견한 아도르노는

무엇보다도 사회와 예술의 관계에서 예술의 의미를 끌어내고자 하였다. 즉 아도르노는 모든 예술이 의미가 있는 것이 아니라 사회를 모방하는 예술만이 진정한 예술이라고 보았고, 예술의 사회 모방을 '미메시스mimesis'로 설명하였다. 미메시스는 아도르노가 예술의 핵심적 가치를 부여하는 데 중요한 의미를 갖는 개념으로, 이는 대상을 단순히 모방하는 것이 아니라 대상을 흉내 내면서 대상과 유사해진다는 의미가 있다. '흉내 내기'를 통해 자신을 대상과 동일시(또는 동화)함으로써 대상의 속박으로부터 벗어나고자 하며 동시에 대상과 화해를 시도하는 것이다.

아도르노는 예술이 사회를 미메시스하는 것을 '라이프니츠의 단자'에 비유하면서, '사회에 대한 의식 없이' 사회를 드러내는 예술만이 진정한 예술이라고 보았다.[27]

> 예술작품은 개별적인 것, 미세한 것, 특수한 것, 개인적인 것을 대표적으로 드러낸다. 이는 전체성과 일반성으로부터 오염되지 않은 독자성을 간직하게 한다고 본다. 그래서 예술은 사회를 단순하게 반영하는 거울이 아니라, 사회를 교정시키는 역할을 하게 된다.(GS 7, 209)

이처럼 예술의 미메시스는 단순히 있는 그대로의 사회를 드러내는 데 머물지 않는다. 예술은 미메시스를 통해 현재의 사회적 현실을 모방하지만, 동시에 사회적 현실에 의해 변형된, 그러나 여전히 사회적 현실로 환원될 수 없는 현실을 모방해야 한다는 것이다. 즉 아도르노가 말하는 예술의 미메시스란 현 사회의 모습에 대한 비판적 입장, 그리고 더 나아가 보다 바람직한 사회의 원래적 모습에 대한 바람이 포함되어 있는 것이다. 이러한 맥락에서 예술은 현 사회를 비판하는 부정체로서의 역할을 하면서, 현 사회의 모순을 드러내고 진리를 암시하는 임무를 수행해야 한다는 아도르노의 입장이 뚜렷해진다.

아도르노가 주장하는 예술의 미메시스적 성격은 음악에 그대로 적용된다. 아도르노는 음악이 음악 바깥의 사회를 드러내는 비개념적인 예술이고, 이러한 특성이 바로 사회의 미메시스를 가능하게 한다고 보았다. 특히 아도르노는 음악이 사회를 미메시스하면서 사회의 모순을 감추지 않고 드러낸다는 점에 주목하였다. "음악은 음악이 그의 고유한 형상을 통하여 소리를 얻게 함으로써, 그리고 동시에 화해될 수 없는 것을 선취하는 형상으로 화해함으로써 사회를 초월한다"는 것이다.

그렇다면 20세기 이후 음악은 어떤 사회를 미메시스하는가? 아도르노는 20세기 현대 사회가 '야만 사회'로 돌입하였다고 비판하였다. 아우슈비츠 사건이 보여주듯이 사회가 모순에 차 있고, 문제투성이라는 것이다. 그러므로 사회를 미메시스하는 현대음악은 현 사회의 모습을 가감 없이 보여주어야 한다. 어떻게 아름다운 선율과 조성적 화음으로 작곡을 할 수 있겠는가? 이 사회를 미메시스하는 예술은 모더니즘적 현대 예술일 수밖에 없으며, 과거의 조성적 음악이나 옛날의 미적 이상을 추구하는 음악은 의미가 없다. 음악은 사회에 만연한 부정성에 대해 부정적으로 반사할 수밖에 없다는 것이다. 그래서 그는 "모더니즘은 삭막한 것Verhärtete과 소외된 것(또는 변질된 것, Entfremdete)을 미메시스하는 예술이다"(GS 7, 39)라고 말한다. "아우슈비츠 이후에도 서정시를 쓴다는 것은 야만적이다. 그뿐만이 아니라 아우슈비츠는 오늘날 서정시를 쓰는 것이 왜 불가능하게 되었는가에 대한 인식도 부식시킨다"[28]라는 주장 역시 이러한 맥락에서 나온 것이다. 음악이 담아내는 사회가 아름다울 수 없기 때문에!

이러한 맥락에서 아도르노는 사회에 담긴 고통을 음악이 담아내야 한다고 생각했다. 그래서 그는 불협화음이 가득한 무조음악을 높이 평가하며, 이렇게 현대 사회 속 인간의 고통이 예술에 반영된 작품이야말로 진정한 예술이라고 보았다. 즉 현 사회를 미메시스하는 예술은 현실에 대한 긍정 대신에 비판적 입장을 취할 수밖에 없고, 예술은 잘못된 사회와 연결된, 틀에 박힌 보편성을 거부하기 위해 유토피아와 현실의 간격을 고통스럽게 의식하며 이를 드러내야 한다는 것이다.

이에 따라 아도르노는 역사적 진행과 관계없이 전통적 양식에 안주한 음악을 '중성화되어 자체의 비판적 실체를 빼앗긴 장식품'으로 비판한 반면, 역사적 변화와 사회비판적인 모습을 보여주는 음악, 예를 들어 앞서 언급한 쇤베르크의 음악을 높이 평가하였다. 아도르노에게는 신음악Neue Musik, 즉 새로운 음악만이 미적 의미를 갖는 것이다. 아도르노가 『신음악의 철학』에서 스트라빈스키를 비판한 것도 이 때문이다. 전통을 다시 활용한 신고전주의는 현실을 미메시스하는 것이 아니라 현실에 순응할 뿐인 것이다. 아도르노는 모더니즘 미술 평론가 그린버그Clement Greenberg의

"오늘날의 예술은 아방가르드와 키치로 나뉜다"라는 주장을 받아들인다.(GS 12, 8) 모더니즘 미학을 보여주는 이러한 예술관은 현대 예술의 철학적 정당성을 부여하는 역할을 하였고, 음악을 진지한 음악과 대중음악, 즉 고급음악과 저급음악으로 이분화하는 역할을 하였다. 이러한 아도르노의 미학은 20세기 후반 포스트모더니즘 시대에 많은 비판을 받았지만, 다시금 아도르노의 예술적 의미를 존중하는 경향도 나타난 것을 보면 현대 예술철학에서 아도르노의 영향력을 실감할 수 있다.

베토벤의 음악은 헤겔의 철학이다

아도르노는 바흐, 베토벤, 말러, 쇤베르크, 베르크Alban Berg 등 음악사에 등장하는 많은 작곡가를 집중적으로 연구하고 글을 썼다. 이 가운데 그가 평생 지속적으로 관심을 보인 작곡가 중 한 사람이 베토벤이다. 아도르노는 베토벤의 음악을 음악사회학, 장르사, 분석, 미학 등 여러 시각에서 논의하였다. 그리고 자신이 추구하는 철학적 이상을 베토벤의 음악에서 발견하였다고 하면서 음악과 철학의 관계를 확고하게 보여주었다. 아도르노는 어떤 측면에서 베토벤 음악의 의미를 발견한 것일까?

첫째, 아도르노는 베토벤의 음악에서 음악과 사회의 진정한 관계를 발견하였다. "충실한 음악의 참 내용은 자신 속에 사회적 의미 복합체를 내포하고 있다"라고 『음악사회학』에서 주장하면서, 베토벤의 음악에서 당대의 '시민혁명', '혁명적인 시민계급', '시민의 자유주의 운동' 등을 찾은 것이다.

> 베토벤의 음악이 [···] 도래하는 시민계급 사회처럼, 또는 그 사회의 자의식과 갈등처럼 구조화되었다는 것은, 그의 근원적 음악관이 1800년경 자신이 속한 계급의 정신을 통해 중재되었다는 전제에 의한 것이다. [···] 베토벤은 그 계급의 대변자나 변호인이었다기보다는 그 계급의 아들이었다.(GS 14 사회학, 414)

그러므로 "베토벤을 듣고 그 속에서 혁명적인 시민성에 관해 아무것도 알아채지 못하면 [···] 베토벤을 이해하지 못한다"라고 말한다. 아도르노에게 음악이란 "내면을 통과해서 승화된 예술"이기 때문에 주체의 결정체화Kristallisation,

즉 강력하고 대항적인 자아를 필요로 한다. 그리고 그러한 주관적 자아를 음악에서 '사회적 암호'로 객관화하고자 한다고 했을 때, 바로 베토벤이 이를 행할 수 있는 자아의 소유자라는 것이다.(GS 14 사회학, 229)

음악과 사회의 관계에서 또한 주목해야 할 사실은 음악이 반영하는 사회가 과연 어떤 것이냐의 문제다. 이와 관련하여 아도르노는 베토벤과 로시니의 비교를 통해 핵심적인 대답을 해주었다. 즉 "베토벤 시대의 공식적인 시대정신은 베토벤보다는 오히려 로시니에게 나타나고 있다"(GS 14 사회학, 222)라고 말하면서, 베토벤이 드러내는 사회는 로시니가 표면적으로 드러내는 허위의 사회와 구별된다는 점을 강조하였다. 즉 "음악은 의례적이고 공식적인 시대정신에서 멀리 벗어나면 벗어날수록 사회적으로 그만큼 더욱 진실되고 실체적"이 되며, 베토벤이 이러한 측면을 여실히 드러낸다는 것이다.(GS 14 사회학, 232)

더 나아가 베토벤 음악이 함축하고 있는 사회에서 아도르노가 주목하는 점은 '휴머니즘'이다. 아도르노는 베토벤의 음악이 "박애와 시민적 해방 운동"과 관계가 있다고 보면서(GS 14 사회학, 230) "베토벤의 교향곡들은 객관적이며 인간성을 향한 대중 연설"이었으며, 베토벤이 지배자가 아닌 피지배자의 편에 서 있음을 강조하였다. 특히 "원래 시민적인 그가 귀족 정치론자들에게 보호를 받았다는 점과 그가 귀족 사회를 무뚝뚝하게 대했다는 사실 또한 그의 작품의 사회적 성격을 반영하고 있다"라고 아도르노는 말한다.(GS 14 사회학, 230) 이러한 맥락에서 아도르노는 베토벤 음악의 힘을 "휴머니즘과 탈신화화Humanität und Entmythologiseirung"로 보았으며(GS 17, 146), 유작 『베토벤 음악의 철학』에서는 이 주제를 하나의 항목으로 설정하여 다루었다. 즉 베토벤 음악은 사회를 반영하는 진정한 음악의 전형이며, 특히 지배당하는 계급에 대한 호소를 담고 있다고 할 수 있다.

둘째, 아도르노는 베토벤 음악이 사회를 미메시스한다고 할지라도 그의 음악이 일차적으로는 음악의 내재적 원칙에 근거한다고 보면서, 사회적 성격과 동시에 자율적 예술음악의 특성을 가진 베토벤에 주목하였다.

만약 베토벤이 음악에 있어서 혁명적인 시민계급의 전형이라면 동시에 그는 사회적 후견인으로부터 빠져나와 미학적으로 완전히 자율적이고 더 이상 종속되어 있지 않은 그런 음악의 전형인 것이다.(GS 14 사회학, 227)

즉 아도르노는 『미학이론』에서 "자율적인 것이면서도 사회적 사실이라는 예술 작품의 이중성격"(GS 7, 54)을 중요하게 보았는데, 베토벤이 바로 이러한 측면의 전형적인 모습을 보여주는 것이다. 예를 들어 소나타 형식을 분석하면서 아도르노는 베토벤의 결정적인 기여가 발전 개념을 확장한 점이라고 지적하였다. 베토벤에 이르러 발전부가 소나타의 관습적인 형식 구분을 관통하여 형식이 전체에 침투하게 되었고, 이로써 베토벤은 하이든·모차르트의 유산을 역동적으로 발전시켰다는 것이다.[29] 그래서 아도르노는 "베토벤의 교향악에서 이른바 순수음악적 경과를 이해하지 못하는 사람은 거기에서 프랑스 혁명의 메아리를 지각하지 못하는 사람과 마찬가지로 그 음악을 감당할 수 없다"라고 말하면서 베토벤이 한쪽 측면으로만 이해되는 것을 경계하였다.

셋째, 아도르노는 베토벤의 후기 양식에 특히 관심을 가지며, 초기 및 중기와 차별화되는 후기 베토벤 음악의 철학에 깊이 심취하였다. 보통 베토벤 후기 양식을 주관성의 극대화를 통해 낭만주의적 경향을 보이는 것으로 이해하는 것과는 다르게, 아도르노는 후기 베토벤의 음악적 특성이 주체의 죽음과 동일성 개념의 폐기를 보인다고 하며 높이 평가하였다.

"모든 주관적 다이내믹은 물론이거니와 표현성과 거리감"(GS 17, 153)을 보이는 〈장엄미사〉, "표면적인 아티큘레이션이 사라지고, 휴식이나 리듬적 대비, 동기도 없는" 〈피아노 소나타 '함머클라비어Hammerklavier'〉처럼 베토벤의 후기 음악에서 표현성의 의미는 소멸해간다. 또한 후기 작품에서는 베토벤 음악의 전형적인 특징이라고 할 수 있는 주제-모티브 기법에 의한 통일성도 사라진다. 이러한 후기 양식의 "황량함"은 "주관성의 죽음"과도 연결된다.[30] 베토벤 후기 작품으로부터 "주관성은 잔해만을 다시 가져가고, 단지 비어 있는 악구들만을 전달하며", "죽음에 접하여 대가의 손은 (주관성이 그 전에 형성했던) 재료 덩어리들을 자유롭게 놓아준다"라고 보기 때문이다.(GS 17, 15)

아도르노가 지적한 이러한 베토벤 후기 양식의 특징인 '무표현성', '통일성에서의 탈피', '주체의 죽음'은 종국에 '카타스트로프catastrophe(파국)'로 모인다. 즉 베토벤의 후기 음악은 지금까지 이룩한 모든 것을 다시 놓아주면서 주체의 죽음을 통해 유토피아에 대한 이상보다는 '현재의 고통'과 '미래의 희생'을 드러내며, 더 나아가 이를 통해 주관과 객관의 '동일성 개념을 폐기'하는 것이다.

이러한 면에서 베토벤 음악은 아도르노에게 한층 더 깊은 의미를 갖게 되며, 그는 궁극적으로 베토벤 음악을 일종의 '철학'으로 접근하게 된다. 아도르노는 특히 헤겔의 철학과 베토벤의 음악을 대비하며 유사성을 언급하였다. 그렇지만 베토벤의 음악은 철학보다도 더 진정성을 가지고 있다고 보는데, 이는 개념적인 사고를 떠난 음악의 특성 그리고 비동일성 철학의 가능성 때문이다.

> 베토벤의 음악은 헤겔의 철학이다; 그러나 동시에 베토벤의 음악은 헤겔의 철학보다 더 진실하다. 음악에는 사회의 자기생산이 사회와 동일시되는 것이 충분하지 못하다는, 그리고 그래서 그러한 것은 잘못된 것이라는 확신이 내재되어 있기 때문이다.(유고 Bd. 1, 36)

즉 베토벤은 아도르노에게 음악과 사회의 관계, 그리고

음악을 통한 비동일성의 철학을 보여주는 중요한 모델이었다고 할 수 있다.

진정한 연주는 작품의 X-레이 사진이다

철학적 사유의 종착점은 어디일까? 이에 대해 여러 가지 대답이 가능하겠지만, 가장 중심에 있는 문제는 '진리'라고 할 수 있을 것이다. 긴 역사를 거치면서 진행된 철학적 사유는 궁극적으로 세계의 본질을 말해주고, 인간과 역사의 핵심을 드러낼 수 있는 '진리'를 찾는 험난한 여정이었을 것이다. 아도르노는 그 진리를 바로 음악에서 찾은 철학자라고 할 수 있다. 베토벤과 쇤베르크의 작품 등 음악에서 예술의 진리 구현 문제를 다룬 아도르노는 연주에 대해서도 이러한 시각을 적용하였다. 그는 '연주'를 통해 '음악적 의미'가 발생한다고 보면서, 『충실한 연습지휘자』(1963)[31]와 유고집 『재생산 이론』(2001)을 통해 연주해석론을 펼치며 음악 연주가 진리를 구현할 가능성을 발견한 것이다.[32]

아도르노는 "음악을 연주interpretieren한다는 것"은 "음악을 만든다는 것"이라고 하면서(NS 13) "적절한 연주eine angemessene Interpretation를 통해 음악적 의미가 탄생한다"(GS 15,

251)라고 역설하였다. 이러한 측면에서 가장 먼저 주목되는 철학적 전제는 음악에 내재한 '정신성'의 구현이라는 측면으로 '연주'에 접근하는 것이다. "진정한 연주는 […] 감각적인 것에 대한 우위를 요구하는 정신적인 것을 감각화해야 한다."(GS 15, 278) 이 주장은 예술의 정신성을 강조한 헤겔의 예술철학 전통에 기반한 것으로, 진리 내용을 가지는 음악의 의미를 논하는 아도르노 철학의 연장선상에 있다고 할 수 있다. 그러므로 그는 아름다운 음향을 통해 청중에게 감동을 주는 수사학적 연주보다는 작품의 정신적 의미를 드러내는 연주를 추구하였다.

> 진정한 재생산[연주]Reproduktion은 작품의 X-레이 사진이다. 그것의 과제는 감각적인 음향의 표피 속에 숨어 있는 모든 관계성, 관계의 요소, 대조, 구조를 명확히 보이게 하는 것이다.(GS 15, 9)

즉 아도르노는 기보된 악보를 '아름다운 음향'으로 드러내는 연주보다는 '인식으로서의 연주Interpretation als Erkenntnis'(NS 306)[33]를 추구하였다. 이러한 측면은 그의 '미메시스적'

예술철학과 밀접한 연관성을 보인다. 앞서 언급하였듯이 아도르노가 미메시스를 통해 대상의 본질을 보다 더 드러내는 예술의 능력을 강조하였다면, 연주는 그 미메시스를 감각적으로 실현하는 역할을 한다고 보았다. 연주는 작품의 X-레이 사진이지만 '뼈'가 아니라 '피부 아래', 즉 밖으로 드러난 것이 아니라 그 안에 내재한 관계, 말하자면 "현존하지 않는 독창적인 것에 대한 모방"(NS 269)인 것이다.

여기서 한발 더 나아가 진정한 연주는 미메시스적 예술이 내포하는 사회에 대한 저항과 비판의 성격을 가지게 된다. 아도르노에게 예술은 통일성의 원리가 지배하는 '사회에 대한 안티테제'로서 현 사회에 대한 비판과 저항의 요소를 내포하고 있다면, '겉으로 드러나지 않는 본질을 가시화하는' 연주 역시 이러한 측면을 함축하고 있기 때문이다. 즉 아도르노가 지향하는 미메시스적 연주는 음악에 내재하는 사회비판적 요소, 더 나아가 사회에 대한 지향점까지도 드러낼 가능성을 가지고 있다고 할 수 있다. 연주 역시 작품의 창작과 마찬가지로 현 사회의 자본주의 논리와 시장 체계에 순응하여 일종의 '공산품'으로 나타날 위험이 있지만, 이를 극복하였을 때 저항의 요소를 보여줄 수 있다는 것이다. 아도르노가 "자신에게 던져지는 저항을 물리치고 음악적 의미를 발생시키는 것이" 연주의 과제라고 말한 것처럼(GS 14, 251), 연주는 한 작품의 내면적 의미의 재현을 넘어서서 사회에 대항하는 비판의 잠재력을 보여줄 수 있으며, 또한 보여주어야 한다는 것이다.

이러한 맥락에서 궁극적으로 아도르노의 해석 이론은 예술의 진리함축성에 귀결된다. '예술에서 문제 삼는 것은 단순히 유쾌하고 유익한 유희가 아니라 진리의 전개'라는 그의 철학은 연주에 그대로 적용된다. 그는 연주에서 필수적인 요소인 분석을 통해서 "사실이라는 수준을 넘어선 '그 이상의 것'"이 드러난다고 보면서, 이것이 궁극적으로 "진리 내용"이라고 역설한 바 있다.(Analyse 78)[34] 그러므로 연주는 바로 음악의 진리함축성의 실현이라고 볼 수 있는 것이다. 그래서 아도르노가 궁극적으로 진정한 연주를 "비동일성의 동일성, 동일성의 비동일성의 실현"(NS 143)으로 규정하는 것을 우리는 충분히 이해할 수 있다. 아도르노에게 연주는 음악의 정신적 의미가 감각화되고 보이지 않는 것이 가시화되는 지점이며, 자신이 추구하는 예술의 진정한 의미, 즉 진리로의 다가감이 실현되는 곳이다.

3부

음악은 결국 사회를 품는다

미술이나 문학과 달리 '추상적인 음악에서 과연 리얼리즘이 가능한가'라는 의문을 가질 수도 있지만, 음악의 모방성은 현실을 충분히 반영해내고 있다. 음악이 사회의 영향을 받으며 사회를 반영하지만, 사회도 음악의 영향을 받는 것이다.

음악과 사회, 그 다이나믹한 관계

– BTS의 〈봄날〉과 리얼리즘 미학

"천사를 본 적이 없어서 천사를 그릴 수 없다!"

리얼리즘 화가 쿠르베Gustave Courbet의 말이다. 리얼리즘 예술은 상상의 나래를 펼친 아름다운 유토피아의 세계가 아닌 우리가 몸담고 있는 현실을 대상으로 한다. 그것이 비참하여 외면하고 싶더라도 그 현실을 드러내는 것을 예술적 진리라고 답하는 것이 리얼리즘 예술인 것이다. 예컨대 소설가 조세희가 발표한 『난장이가 쏘아올린 작은 공』(1978)이 1970년대 산업화에 밀린 도시 빈민층의 아픔을 주제로 강제철거를 당한 이들이 공장 노동자로 전락하는 현실을 그리고, 김혜진의 소설 『너라는 생활』(2020)이 신자유주의 시대의 사회적 약자와 성소수자의 문제를 그리며 "한국 사회의 피로감과 절망감을 새로운 방식으로"[1] 보여주고 있는 것처럼.

미술이나 문학과 달리 '추상적인 음악에서 과연 리얼리즘이 가능한가'라는 의문을 가질 수도 있지만, 음악의 모방성은 현실을 충분히 반영해내고 있다. 오페라 〈라 트라비아타 La Traviata〉의 비올레타에게는 '개인의 운명은 사회적 메커니즘에 의해 결정된다'는 쓰라린 현실이 드러나며, 정태봉의 〈진혼〉(2014)은 세월호 사건을 음악에 담았다. 또한 음악은 사회에 영향을 미치기도 한다. '예술의 힘으로 사회를 바꾸자'라는 모토를 가졌던 작곡가 아이슬러는 〈연대가 Solidaritätslied〉(1930)를 통해 프롤레타리아의 해방을 고취하는 혁명에 불꽃을 붙이기도 하였고, 2002 한일 월드컵에서 응원가 〈아리랑〉은 온 국민을 하나로 모으는 힘을 발휘하였다. 음악이 사회의 영향을 받으며 사회를 반영하지만, 사회도 음악이 영향을 받는 것이다. 예술음악과 대중음악 등 폭넓은 영역에서 나타나는 음악과 사회의 다이내믹한 상호 관계를 살펴보자.

●○ 음악듣기

BTS(방탄소년단)의 〈봄날〉(2017)

BTS의 〈봄날〉은 만날 수 없는 너에 대한 그리움을 서정적으로 노래한다. 공식 뮤직비디오에 등장한 노란 리본을 건 놀이기구, 푸른 바다, 나무에 건 신발, 아무도 없는 기차 안, 9시 35분을 가리키는 벽시계 등의 여러 장면 때문인지 이 노래는 세월호 희생자를 기리거나 추모하는 것으로 해석되었다. BTS는 "말하기 조심스러운 부분이 있다"라면서 "듣는 이의 생각과 관점에 따라 다르게 보일 수 있기 때문에 감상하는 분들의 해석대로 남겨두고 싶다"라고 밝혔지만, 시각적 요소, 절절한 그리움을 담은 가사, 느리게 반복되는 서정적 선율은 분명 추모의 마음을 담고 있는 듯하다. BTS는 그동안 노래와 춤을 통해 사회의 현실과 젊은 이들의 고민에 공감하고 위로와 함께 희망의 메시지를 전해왔는데, 〈봄날〉에서는 세월호에 대한 마음이 노래 깊숙한 곳에 담겨 있는 듯하다. BTS가 공감대를 폭넓게 형성하고 있는 중요한 이유 중 하나는 직설적인 사회 반영이나 비판 대신 상징성과 열린 해석의 공간을 통해 소통하기 때문일 것이다.

현실의 이중 모방: 루카치

현실과의 밀접한 관계를 보여주는 리얼리즘 예술은 시대적으로 19세기의 중요한 예술 조류로 나타났지만, 시대와 상관없이 현실을 반영하는 예술을 리얼리즘으로 부르기도 한다. 이에 다양한 유형의 리얼리즘 예술이 등장하였지만, 예술과 사회의 관계를 모색하는 중요한 원동력이 되었던 리얼리즘 미학은 모두 마르크스주의Marxism로 거슬러 올라간다. '물질적 삶의 생산 양식이 사회적·정치적·정신적 생활 과정 일반을 조건 짓는다'는 것, 그래서 '인간의 의식이 존재를 규정하는 것이 아니라 우리의 물질적·사회적 존재가 의식을 규정한다'라는 마르크스의 주장에 따르면, 예술이란 이들의 기반이 되는 사회와 떼려야 뗄 수 없는 관계에 있는 것이다. 예술을 그가 속해 있는 사회, 예술을 창작하고 수용하는 사람들의 현실적인 삶과의 관계 속에서 조망하는 미학적 견해가 리얼리즘 예술론의 근간을 형성하고 있다.

리얼리즘 미학은 현실 반영의 강도를 달리하며 다양한 형태로 나타났다. 마르크스 미학을 토대로 한 사회주의 리얼리즘에서는 음악의 사회 반영이 일종의 당위적 성격을 가졌다면, 폴란드의 음악학자 리사Zofia Lissa는 음악의 특수성을 반영하는 리얼리즘 미학을 전개하여 주목받았고, 루카치György Lukács는 사회주의적 미학의 도식에서 벗어나 리얼리즘 예술론을 '세련된' 형태로 변모시켰다. 그 가운데 루카치의 미학을 통해 음악이 어떻게 현실을 반영할 수 있는지 그 가능성을 검토해보자.

루카치의 미학은 사회주의적 미학의 도식에서 벗어나 리얼리즘 예술론을 예술적 시각에서 '세련된' 형태로 발전시키면서 현대 미학에 큰 영향을 주었다.[2] 사회주의 국가 출신으로서 마르크스에 심취했던 루카치는 "우리의 모든 행동, 인식, 그리고 현재 모습은 우리 자신의 현실에 대한 반응의 산물"이라는 기본 명제에서 출발하며, 예술은 역사의 자의식과 함께 탄생했다고 보았다.[3] 그에게 예술은 기본적으로 사회의 반영이며, 예술을 위한 예술 또는 사회와 무관한 예술은 의미가 없다. 그렇지만 루카치는 정통 마르크스주의자와는 구별되는 입장을 보였다.

그의 미학적 골격은 미적 '반영Widerspiegelung' 이론이다. 이는 플라톤에서 출발하는 전통적인 모방미학과 마르크스적 이론을 토대로 구축된 것으로, 여기서 말하는 반영은 자연주의적 모방 또는 리얼리즘의 직접적인 모방과는 다르게 객관적인 현실의 총체적 '과정'을 예술에 담는 것을 의미한다. 루카치에게 예술적 반영의 대상이 되는 '현실'은 정체된 것이 아니라 변화하는 역사적 과정이기 때문이다.[4] 즉 루카치에게 현실은 단순히 현존하는 현실 또는 개별 사실들이 연관성 없이 나열된 것이 아니라 객관적으로 존재하고 또 발전해가는 법칙이자 사회 발전의 추진력이 내포되어 있는 것이며, 그는 예술이 바로 이러한 현실을 반영한다고 보았다.

다른 한편 루카치는 '예술가'를 선택하는 행위의 주체적인 요소이자 인류의 대변자로서 파악하는 동시에, 자신의 특수한 감수성과 경험을 가진 하나의 개인으로 보았다. 이 사실은 매우 중요한데, 왜냐하면 삶과 예술에서 모든 소통과 표현의 시도가 갖는 깊이와 폭은 표현을 직·간접적으로 한정 짓는 세계의 폭과 깊이에 좌우되며, 이 세계는 예술가의 주관 안에 반영의 자료로서 축적되어 있기 때문이다.[5] 이러한 측면에서 루카치는 예술가의 활동을 어느 정도 주관적 방향으로 이해하고 있다.

루카치는 미적 반영 이론을 모든 예술에 적용하면서, 음악에 나타난 반영 이론에 대해서 논하였다. 그는 음악에 나타나는 '인간의 내면적 삶', 즉 '감정'에 관심을 가졌고, 이러한 측면에서 음악을 '내면적 삶의 반영' 또는 '내면성의 반영'으로 보았다. 그렇지만 이 내면적 세계는 순수한 주관성을 의미하지 않는데, 인간의 내면적 감정은 현실적 삶과는 분리된 것이지만 객관적인 현실을 반영한다고 보기 때문이다.

> 음악이 너무나 삶에서 동떨어진 듯하면서도 동시에 삶에 밀착되어 있다는 기묘한 현상은 그런 관점에서 자연스럽게 설명된다. 음악은 삶에서 동떨어져 보이며, 음악의 동질적 표현매체는 우리가 경험하는 객관 현실과 직접적으로는 아무런 상관도 없어 보이며, 따라서 직접적으로는 결코 경험 현실의 미메시스로 나타나지 않는다. 그러나 이것은 음악이 삶에 밀착되어 있다는 특성과 자연스럽게 합치된다. 음악은 -겉으로 보기에는- 그 어떤 매개 과정도 거치지 않고 극히 주관적이고 내면적인 인간 본성을 표현하기 때문이다.[6]

인간의 내면세계에는 현실적 사회에 대한 반영으로서

감정이 수집되고 축적되며, 음악은 바로 이 '내면적 세계'의 반영이 된다. 그래서 루카치는 음악을 '이중의 모방'이라고 불렀다. 음악이 외부 세계를 직접적으로 나타내지 않고 특수한 채색이나 정서적 내용을 강조하면서 간접적으로 반영한다고 본 것이다.

> 음악에서는 전형적인 것이 그 자체로, 즉 개별성의 영역을 파헤치지 않고 표현된다는 점에서 다른 예술들과 구별된다. 다른 한편으로 음악에서는 특히 문학의 경우처럼 보편성이 독특한 양식화의 과정을 거쳐 특수성으로 구체화되는 것이 아니라, 특수성이 어떤 형태의 보편성이든 그 특수성을 통해 도달할 수 있는 최고 단계의 보편성으로 표현하는 방식을 취할 수밖에 없다. 따라서 음악적 감정반영은 가장 구체적인 의미에서 개체화된다.[7]

이러한 맥락에서 루카치는 레닌Vladimir Lenin적 반사 법칙, 즉 가장 엄격한 의미에서 예술을 사회상의 반사로 보는 이론과 '음악은 감정의 표현이다'라는 주관적인 낭만주의 미학을 연결하였다고 볼 수 있다. 예술, 특히 음악은 실제적 삶 자체가 아니라 인간의 감정을 모방한다는 것, 즉 모방자의 모방을 모방한다는 루카치의 지적은 마르크스주의 미학 중에서 예술의 자유로운 공간을 제공한다.

음악적 리얼리즘의 모색

'현실과의 밀접한 관계'를 모색하는 음악적 리얼리즘의 출발은 모방미학에서 찾을 수 있다. 음악의 미적 원칙을 모방으로 상정할 경우, 아름다운 자연이나 인간의 감정과 함께 사회적 현실은 모방의 대상이 된다. 그렇지만 실제로 음악사에서 리얼리즘은 중요하게 부각된 개념이 아니었다. 미술과 문학에서 리얼리즘이 지배적이었던 19세기가 음악에서는 낭만주의로 규정된 것도 이러한 상황을 잘 보여준다. 음악적 아름다움과 가치를 순수하게 음악적인 측면에서 찾고자 하는 이들에게 사회적 현실을 드러내는 음악에 대한 관심은 적었던 것이다. 이러한 맥락에서 음악학자 달하우스는 19세기 음악사를 리얼리즘적 관점에서 접근하며 '음악적 리얼리즘' 미학의 가능성을 모색하였다. 음악 내재적 측면에서 음악적 리얼리즘은 어떻게 이해할 수 있을까?

달하우스에 따르면, 음악적 리얼리즘 미학은 19세기 전반기에 나타난 '성격적 미학Ästhetik des Charakteristischen'과 '추함의 미학Ästhetik des Häßlichen'에서 그 초기 모습을 찾을 수 있다. 음악신보의 편집장 브렌델Franz Brendel은 베를리오즈의 음악에 성격적인 묘사가 지배적이라고 비판한 바 있는데, 이때 성격적 묘사란 전통적인 아름다움과 숭고함의 고전적 미학에서 벗어나 적나라한 음악적 묘사를 통해 비참한 현실을 전달하는 것을 의미한다. 이는 삶의 내적인 모습이나 감정적 분위기가 나타나는 것과는 다르다. 추함의 미학은 성격적인 미학이 첨예화되어 나타난 것으로, 이 경향은 '사탄의 신화'를 타락한 천사로 보고, 환상적 상상의 세계에서 추함에 확고한 의미를 부여한 바이런의 예술을 모델로 삼았다. 핑크G. W. Fink는 '음악에서도 나타난 추함의 매력'에서 추함의 상대적 존재 근거를 강조했다. 비록 그가 고전적인 아름다움을 강조하는 상대적인 역할에서 추함의 정당성을 강조하긴 했지만, 추함의 미적 의미가 거론되었다는 것 자체가 매우 주목받을 만한 사실이다.

이러한 배경하에 19세기 중반에는 음악적 리얼리즘을 구성하는 미적 의식이 변화하기 시작하였다. 당시는 아름다움과 숭고함을 추구하는 낭만주의 미학이 지배적이던 시기로 예술의 목표는 '미美'였다. 하지만 바로 그 '미'의 카테고리에 대한 확신이 흔들리기 시작하면서 예술에 본질적인 변화가 일어난 것이다. 즉 상상이나 이상의 세계, 경이로움의 추구는 현실을 외면하는 허상으로 간주되고, 진실한 현실을 파악하고 이를 드러내는 '진실의 미학'이 대두한 것이다. 이처럼 달하우스는 전통적으로 예술의 궁극적 목표로 여겨졌던 미 대신에 진실이 주장되고, 더 나아가 추함의 미학도 드러나는 음악 경향에서 19세기 음악에 나타난 음악적 리얼리즘 미학의 특성을 찾았다. 이와 함께 달하우스는 개인적 측면보다는 사회적 측면을 강조하면서, 사적인 감정보다는 사회적 현실을 음악에 담아보려고 시도하였다. 그는 낭만주의와 관념주의 미학을 거부하는 저항적 요소로서 이전에는 터부시되고 거의 금지되었던 소재를 작품에 선택하는 것 등에서도 음악적 리얼리즘의 특성을 발견하였다.

비제Georges Bizet의 〈카르멘Carmen〉(1875)을 통해 19세기 음악에 나타난 리얼리즘의 구체적인 모습을 살펴볼 수 있다. 먼저 소재의 선택을 보자. 극본의 원작인 메리메P. Mérimée의 소설은 하층민의 삶과 범죄를 다룬다. 오페라에서는 이를 극으로 각색하면서 확실하게 "마르크스주의자가 누더기 프롤레타리아의 영역이라고 명명할 만한, 전통적인 규칙에서 어긋나는 배경"이 나타난다.[8] 메리메의 소설을 오페라 주제로 선택한 사람은 작곡가 비제였고, 그가 극본 작업에도 직접 참여하면서 이러한 현실적 주제에 관심을 표명하였다. 1820년대 스페인 안달루시아 지방의 도시 세비야의 담배공장은 매우 열악한 노동의 현장이며, 집시라는 주류에서 벗어난 유색인종의 등장 역시 이 작품의 리얼리즘적 색채를 드러내는 결정적인 요소다. 오페라의 등장인물이 "신, 영웅, 왕족, 기사" 등에서 "노동자와 군인"으로 변화되었다는 것은 '미적-사회적 대항'으로 이해될 수 있기 때문이다.[9]

또한 이 오페라는 개인에 대한 묘사보다는 사회 전체의 시각을 중요하게 다룬다. 집시들과 군인들의 생활 모습이 무대에 적나라하게 펼쳐지면서 사회적 메커니즘을 드러내는 것이다. 이와 함께 〈카르멘〉은 지금까지 많은 오페라에서 지켜졌던 아리스토텔레스의 내적 규범을 과감하게 깼다. 아리스토텔레스 시학에서 그리스 비극의 조건으로 설정된 전통적 양식 분리 법칙이란 비극적인 주제는 상류 계층과, 희극적 주제는 하류 계층과 관련시키는 것이다. 그런데 〈카르멘〉에서는 집시 여인과 하사관의 숙명적인 사랑과 파국을 파격적으로 다루면서, 사회적 계급이 낮은 여인 카르멘을 비극적 운명의 주인공으로 승격시켰다. 비극을 우아한 상류층에만 연결하는 전통적 미적 규칙은 사회적 자만심과 인위성을 포함하고 있기에, 이를 벗어나는 것이 리얼리즘적으로 이해될 수 있다.

이러한 요소가 극본과 직접 관련된 것이라면, 음악적 측면에서도 리얼리즘의 특성을 찾아볼 수 있다. 〈카르멘〉에서는 극적 내용을 직접적으로 표현하려는 시도가 많이 나타나며, 특히 작품 전체가 대부분 합창으로 구성되어 있다고 해도 지나치지 않을 정도로 이 작품에서 합창은 중요한 역할을 하면서 군중의 모습을 생생하게 전달한다.[10] 또한 이 오페라의 중요한 특징 중 하나는 전통적 의미의 독창 아리아가 거의 없고, 대부분의 노래가 다양한 음악을 결합하여 만들어졌다는 점이다. 이는 극의 흐름을 자연스럽게 표현하고자 하는 작곡가의 의도가 반영된 결과로 볼 수 있다. 즉 양식화된 아리아는 극의 흐름으로부터 단절되어 독립적으로 나타나는 반면, 이 오페라의 노래들은 훨씬 더 현실적이다.

리얼리즘의 가장 본질적인 변화는 예술의 목표로 간주되었던 미의 카테고리에 대한 확신이 사라지고, 그 대신 '현실적인 삶의 모습'을 진솔하게 드러내고자 했다는 것이다. 또한 이전에는 터부시되고 거의 금지되었던 재료의 영역에서 주제를 선택함으로써, 말하자면 지금까지 예술적 능력이 없다고 간주되었던 소재의 계층을 새로이 예술적으로 발견함으로써 리얼리즘은 전통적 예술과 대립한다. 이러한 맥락에서 〈카르멘〉은 '진실의 미학'을 향한 리얼리즘 오페라의 모습을 보여주고 있는 것이다.

동백림 사건과 〈광주여 영원히〉

리얼리즘 미학은 한국의 현대음악에서도 중요한 문제였다. 음악과 사회의 관계가 크게 이슈화된 대표적인 작곡가 윤이상(1917-1995)을 통해 이러한 흐름을 살펴보자. 1956년 한국을 떠나 독일에서 활동하던 윤이상은 12음 기법으로 작곡한 〈일곱 악기를 위한 음악〉(1959)을 통해 주목을 받기 시작하였고, 1966년 〈예악〉이 도나우에싱엔 음악제에서 초연되면서 국제적 명성을 얻었다.

이즈음 그는 다름슈타트 강습회에서 북한 유학생에게 북에 있는 친구 소식을 묻기 시작했다. 이후 1963년에 북한 대사관의 연락을 받아 친구를 만나러 북한을 방문하게 되는데, 이 방문이 4년 뒤 그의 삶에서 큰 파문을 불러일으켰다. 당시 박정희 정권하의 중앙정보부는 윤이상을 비롯하여 문화계 인사 194명이 대남 적화 활동을 했다고 발표했으며, 1967년 6월 17일 중앙정보부 요원들이 그의 북한 방문을 빌미로 그를 서울로 납치한 것이다. 이른바 '동백림 사건'으로 불리는 이 사건은 윤이상의 삶에 치명적인 영향을 미친다. 루이제 린저Luise Rinser와의 대담을 엮은 『상처 입은 용』에서 윤이상은 "나는 며칠 동안 아무것도 먹지 못하고, 잠도 못 자고, 게다가 이런 고문은 밤까지 계속"되었다고 당시의 끔찍한 상황을 회고하였다.[11]

1967년 12월 13일 그에게 무기징역이 선고되었고, 전 세계의 예술인들이 윤이상의 석방을 촉구하는 서명 운동을 벌여 1969년 2월 25일 드디어 석방되었다.[12] 이후 윤이상은 독일로 돌아가 1971년에 독일 국적을 취득했고 베를린을 중심으로 창작 활동을 하였다. 또한 이후 윤이상은 북한과 긴밀한 관계를 맺으며, 남한의 정치적 상황에도 민감한 반응을 보이는 예술 작품을 발표하였다.

이러한 삶의 여정은 당연히 그의 작품에 형상화되었다. 1967년 동백림 사건 이후 그의 음악 세계는 사회적·정치적 메시지를 담기 시작하였고, 특히 1973년 김대중 전 대통령이 일본에서 납치된 사건은 윤이상이 정치에 관심을 갖는 데 중요한 계기가 되었다. 〈기억〉(1974), 〈첼로 협주곡〉(1975/1976), 〈견우와 직녀〉(1977), 〈광주여 영원히〉(1981), 〈화염 속의 천사〉 등이 이러한 경향을 잘 보여주는 작품들이다. 이 가운데 〈광주여 영원히〉는 특히 주목받고 있다. 독일 방송을 통해 광주 민주화 운동 소식을 들은 윤이상은 큰 충격을 받았고, 이후 서독 방송국에서 대규모 관현악곡을 위촉받자 1981년 1월부터 〈광주여 영원히〉를 쓰기 시작하였다.

이 작품은 '광주 항쟁'에서 받은 인상에서 만들어진 것이다. 1980년 5월 광주 시민들은 자유로운 인간의 권리를 억압하는 것에 항의를 하였다. 이 민중 봉기는 10일간의 피 튀기는 항쟁에서 무참히 짓눌려졌고, 수많은 사상자를 낳았다. 이러한 역사적 사건을 넘어서서, 이 작품은 표본으로서, 즉 희생자에 대한 슬픔 그리고 자유를 향한 투쟁에 대한 경고로서, 전 세계에서 보편적인 모델이 되고 싶다.(윤이상, 〈광주여 영원히〉 악보 서문)

이 작품의 원제는 'Exemplum in Memoriam Kwangju', 즉 '광주를 기념하는 모델(모범)'이다. 윤이상이 굳이 'Exemplum'이라는 단어를 사용한 것은, 불의에 항거하는 예술적 표현의 한 전형을 만들고 싶다는 의도가 반영되었다고 할 수 있을 것이다.

대규모 관현악을 위한 이 작품에서는 그의 다른 어떤 음악보다도 구체적인 메시지가 뚜렷하게 드러난다. 작곡가이자 음악학자인 슈네벨Dieter Schnebel은 광주 사태의 참혹한 실태를 언급하면서 이 곡에서 "마치 주먹으로 벽을 치는 듯한 울분의 감정"을 느낄 수 있으며, 이 사건을 "스스로 당하고 직접 겪은 것과 같은 충격"이 음향에 담겼다고 말한다. 이 작품의 연주 시간은 20여 분이며, 작품 전체는 총 세 부분으로 뚜렷하게 구분된다. 첫 부분에는 강한 음향이 폭발적으로 드러나는데 이는 정부의 폭력적인 진압 상황을 묘사하는 듯하며, 두 번째 부분은 지금까지의 음악적 진행과는 완전히 대비를 이루는 애도의 분위기로 전개된다. 이 나지막한 음악적 흐름에서 시민항쟁이 무참하게 진압된 이후의 공포, 죽음에 대한 애통함, 슬픔 등이 느껴진다. 4개의 트럼펫이 강하게 완전4도의 음형을 연주하면서 시작하는 마지막 부분은 강한 리듬적 진행이 힘차게 나오는 부분으로, 정의와 민주주의를 위한 노력과 분투를 드러내는 것으로 해석된다.

즉 이 작품은 음악을 통해 정치적 메시지를 전달하고자 하는 예술가의 시도를 명확하게 보여준다. 그 대상은 윤이상이 그토록 집착했던 '조국', 즉 한국이 될 것이다. 그렇지만 윤이상은 여기서 그치지 않고, 한발 더 나아가 대상을 확대하여 전 인류를 향해 이야기한다. "나의 음악언어는 경쾌하지 않습니다. 그것은 차라리 정의를 향한 절규에, 아름다움에의 호소에 더 가깝습니다. 거기에는 억압된 자들을 위한 위로와 외침이 있습니다. 이것은 정치적으로 이해될 것이 아니라 가장 인간적인 면으로 이해되어야 할 것입니다." 리얼리즘 미학이 단순히 강령으로 끝나지 않고 깊이 있는 여운을 주며 예술성을 가질 수 있다는 사실은 이렇게 음악의 추상성과 표현력을 통해 드러난다. 제목에서 구체적인 사건이 제시되었지만, 작품 자체에 몰입하면서 보다 포괄적인 사상을 담는 것이 바로 음악의 강점이다.

김부장의 삶과 자취생의 애환

리얼리즘 미학에 따르면 진정한 예술이란 참혹한 사회의 모습을 담을 수 있어야 한다. 우리는 버겁고 험난한 삶 속에서 음악의 아름다움으로 위로받고 싶다는 소망을 가지고 있지만, 유쾌하지 않은 추하고 참혹한 현실일지라도 이를 음악에서 외면해서는 안 된다는 얘기다. 현실은 예술에서 중요한 화두이며, 모방을 넘어 사회비판까지도 음악의 몫이 아닐 수 없다.

최근 한국 작곡가들의 오페라를 보면 이러한 흐름이 중요한 화두가 되고 있음을 알 수 있다. 예를 들어 한국 근현대사의 한 축을 담당했던 세대인 1965년생 김영호를 주인공으로 하는 〈김부장의 죽음〉(2020)을 보자. 작곡가 오혜승과 극작가 신영선의 이 오페라는 톨스토이Leo Tolstoy의 『이반 일리치의 죽음』을 한국식으로 각색한 작품이다. 대학 졸업 후 취직, 결혼 그리고 승진까지 평범하게 살아온 김부장은 한강이 보이는 아파트를 장만한 삶의 정점에서 병을 얻고 죽어간다. 작곡가는 러시아 로망스, 세이킬로스 비문 선율, 찬송가, 동요 등을 인용하면서 평범한 삶 속에서 개인이 겪을 수 있는 문제를 부각했다. 그래서 "이반 일리치의 과거는 지극히 평범했고 그래서 대단히 끔찍했다"라는 톨스토이의 날카로운 지적을 이 오페라에서 실감할 수 있다. 우리 주변에서 흔하게 만날 수 있는 현대인의 모습이 음악적으로 표현되면서 그 안에 담긴 부조리에 주목하게 되는 것이다.

이와 함께 작곡가 최우정과 극작가 배삼식의 〈1945〉(2019)는 해방 즈음 만주의 전재민 구제소를 배경으로, 참혹한 삶의 현실 속에서 위안부 분이와 미즈코의 연대와 인류애를 다루었다. 또한 작곡가 공혜린과 극작가 고연옥의 〈까마귀〉(2020)는 IMF 문제를 주제로 삼았다. IMF 여파로 가족이 동반 자살을 계획했지만 실패하고, 이때 유기된 막내가 험난한 삶을 거쳐 가족을 만나는 이야기다. 대중에게 친숙한 선율로 어두운 사회 현실을 그린 이 오페라는 우리에게 가족의 의미를 묻게 한다. 작곡가 나실인과 극작가 윤미현의 〈빨간 바지〉(2020)는 '빨간 바지'를 입고 부동산을 누비며 투기를 했던 1980년대 말 강남 '복부인'들을 다룬다. 이 작품은 빈부의 격차라는 사회문제를 풍자와 해학으로 그리는 코믹 오페라의 면모를 보여준다.

평범한 회사원의 죽음, 위안부, IMF 사태, 강남 부동산 투기. 이는 최근 언론에 자주 등장하는 기삿거리다. 그렇지만 오페라에서는 사뭇 다르게 다가온다. 거창한 사회문제는 개인의 삶 속에서 클로즈업되어 개성적인 아리아와 듀엣, 섬세한 오케스트라 사운드로 덧입혀진다. 이에 청중은 때로는 감정이입을 하며 몰입하기도 하고, 때로는 거리를 두고 사태를 비판적으로 바라볼 수 있게 된다. 소박하지만 절절한 삶의 한 단면을 드러내며, 정교하게 세공된 음악은 그래서 의미 있는 것이다.

대중음악의 분야는 이보다 더욱 직접적이다. 김민기의 〈아침이슬〉은 직접적인 사회 반영이 나타나지 않았어도 '나 이제 가노라 저 넓은 광야로' 등의 가사가 보여주는 결연함과 통기타를 맨 젊은 가수들의 상징성 때문에 저항의 아이콘이 되어 독재정권 시절 학생운동의 애창곡이 되었고, '노래를 찾는 사람들'의 〈사계〉는 미싱 노동자의 현실을 흥겨운 선율로 아이러니하게 반영하며 경종을 울렸다.

이러한 노래들이 이 사회에서 일종의 움직임을 이끌었다고 할 수 있다. 즉 사회에 영향을 미친 것이다.

반면 '장기하와 얼굴들'의 〈싸구려 커피〉는 경쾌한 선율로 비참한 현실을 노래한다. 자취생의 애환을 담은 이 노래는 듣기에는 즐겁지만, 정작 가사 내용은 마냥 즐겁지만은 않다. '눅눅한 비닐 장판에 발바닥이 쩍 달라붙었다 떨어진다. 이제는 아무렇지 않어 바퀴벌레 한 마리쯤 쓱 지나가도. 무거운 매일 아침엔 다만 그저 약간의 기침이 멈출 생각을 않는다. 축축한 이불을 갠다.' 이 노래를 들은 청자들은 "학교 앞의 하숙방에서 지내던 때를 생각하게 될 때마다 그때나 지금이나 장기하의 〈싸구려 커피〉 가사만큼 잘 표현한 것이 어디 있을까 하는 생각을 한다"라고 공감을 표명하며, 씁쓸한 현실을 곱씹기도 하였다. 이러한 점에서 음악이 현실을 떠나는 것이 아니라 현실과 함께하고 있다는 것을 느낄 수 있으며, 음악에서 만나는 현실은 실제적 현실을 객관적으로 바라보는 시각을 만들어준다는 점도 인식할 수 있다.

"예술 작품은 개별적인 것, 미세한 것, 특수한 것, 개인적인 것"을 드러내며 "전체성과 일반성으로부터 오염되지 않은 독자성을 간직하게 된다"라고 아도르노는 지적한 바 있다. 우리의 현실을 반영하지만 음악이라는 독특한 필터로 그려내는 것, 그것이 바로 진정한 리얼리즘의 아름다움이라고 할 수 있을 것이다.

음악의 진보는 어디로 향하는가?

- 크라이들러의 〈간접광고〉와 현대음악의 미학

쇤베르크는 "나는 다른 행성의 대기를 느낀다"라며 20세기 초 조성이 해체된 무조음악을 작곡하였다. 그렇게 만들어진 초기 무조음악 〈세 개의 피아노 곡Drei Klavierstücke Op. 11〉(1909)은 날카로운 불협화음을 대거 드러내며 청중에게 충격을 주었다. 무작위로 그냥 피아노 건반을 두드리는 것 같다는 비판도 받았다. 그로부터 딱 100년이 지난 2009년, 아칸젤Cory Arcangel은 〈쇤베르크 작품번호 제11번 '귀여운 고양이들Op. 11 Cute Kittens'〉이란 작품을 유튜브에 발표하였다. 검은색·하얀색·회색 등 다채로운 모습의 고양이들이 각각 피아노 건반을 누르는 수십 개의 화면을 매시업mashup 기술로 합성하여 피아노의 개별적 음이 무작위로 소리 나게 한 영상 작품이었다. 아칸젤의 〈귀여운 고양이들〉은 쇤베르크의 작품번호 제11번처럼 3개의 영상(1번-2번-3번)으로 구성되었고, 전체 작품 길이와 악장의 시간 비율 역시 유사하기에, 분명 쇤베르크 Op. 11의 새로운 버전으로 구상된 듯하다. 유튜브 구독자들의 댓글에는 "대단하다", "천재적이다"라는 열광적 반응과 함께 "쇤베르크보다는 베베른과 유사하다"라는 진지한 평도 있었고, "음악에 대한 존경심이 빠졌다", "슬프다"라는 비판적 어조의 평도 있었다.

쇤베르크의 21세기 버전으로 이해할 수 있는 이러한 시도는 이제 음악계가 많이 바뀌었다는 점을 여실히 보여준다. 쇤베르크는 스케치를 토대로 고치고 또 고치면서 작품을 만들어냈고, 이를 연주자들이 콘서트홀에서 공연하고 그에 대한 평이 신문과 저널에 실렸다. 그에 비해 아칸젤은 매시업이라는 테크놀로지를 사용하여 이미 존재하는 쇤베르크의 음악을 레디메이드 예술로 창작하였다. 여기에 고양이라는 생경한 연주 주체를 등장시켰고, 이를 디지털 매체인 유튜브라는 인터넷 공간에 업로드하여 시청자의 댓글 반응을 끌어낸 것이다.

이처럼 오늘날 음악과 음악을 둘러싼 환경은 급격하게 변하였다. 조성이 해체된 것이 하늘이 무너지는 큰 사건이었던 20세기 초반과는 다른 차원의 새로움이 음악에 침투하고 있는 것이다. 무언가 새로운, 독창적인 아름다움을 추구했던 음악사의 '진보' 개념이 이제 차원을 달리하는 듯하다. 디지털 컨버전스 음악digital convergence music, 개념음악conceptual music, Konzept Musik 등 음악의 새로운 개념도 대거 출현하였다. 그에 따라 아름다움에 대한 개념도, 예술과 음악에 대한 정의도 변화할 수밖에 없게 되었다.

● ○ 음악듣기

크라이들러Johannes Kreidler**의 〈간접광고**Product Placement**〉(2008)**

음악사에 등장하는 수많은 작품을 모두 한 번에 들어볼 방법이 있을까? 이러한 획기적인 시도를 한 음악인이 독일의 현대 작곡가 크라이들러다. 그는 디지털 소프트웨어로 바흐, 모차르트, 베토벤, 슈만 등의 음악과 비틀스The Beatles, 마돈나Madonna 등 7만 200여 개의 음악을 압축하여 〈간접광고〉라는 작품을 만들었다. 작품의 길이는 단 33초! 1분도 되지 않는 단 33초의 시간에 음악사 속 거장들의 작품은 물론이거니와 대중음악계의 여러 음악까지 모두 담았다는 것은 상상할 수 없는 일이었다. 실제로 이 곡을 들으면 전자파의 소리 또는 빠르게 지나가는 라디오의 주파수 사운드가 들린다.

현대음악계에 큰 파문을 일으킨 이 작품이 더욱 신선했던 점은, 여기에 사용한 7만 200여 개 작품의 저작권 사용 신청서를 트럭에 싣고 독일 음악저작권협회에 제출하였고 이 과정을 일종의 해프닝으로 보여주었다는 것이다.

과연 이 작품은 어떤 의도를 가지고 있을까? 작곡이라는 것이 이미 만들어진 곡들의 새로운 조합으로 가능하다는 것을 보여주고 싶었을까? 어쨌든 이 작품은 디지털 테크놀로지가 음악에 변화를 가져온 오늘날, 샘플링 등 기존의 음악을 활용하여 창작하는 것이 일상화되어 저작권 사용 신청이라는 것이 이제 큰 의미가 없다는 점을 시위하는 것임에는 틀림이 없다. 〈간접광고〉를 통해 청중은 디지털 시대 현대음악의 환경 변화를 실감할 수 있을 뿐 아니라 '작곡'에 대한 의미에 새롭게 접근할 필요성을 느낄 수 있다.

독창성의 절대적 권위: 모더니즘과 아방가르드

예술음악의 역사에서 원동력으로 작용한 미적 가치는 뭐니 뭐니 해도 독창성이다. 그전에는 없었던 새로운 것, 딱 하나만 있어서 다른 것과는 구별되는 어떤 것, 칸트 식으로 말하자면 '모방에서 벗어나 어떤 규칙도 부여할 수 없는 독자적인 것'을 만들어내는 것이 중요했다. '독창성 미학'으로 설명되는 이러한 경향은 18세기 이후 20세기까지 서양음악사를 이끌어온 미적 척도였다. 베토벤은 바흐와 다른 음악, 바그너는 베토벤과는 다른 음악을 내놓으며 음악사는 바로크-고전-낭만 시대로 변화하였다.

이러한 가운데 조성음악의 틀 안에서 추구한 독창성은 19세기 말 막다른 골목에 다다랐고, 여기서 다시 파격적인 시도가 나타났다. 20세기 초 쇤베르크는 불협화음이 협화음과 구별 없이 자유자재로 사용된 무조음악을 통해 파격적인 변화를 보여주었고, 1921년에 이르러서는 "앞으로 100년간 독일 음악의 우위를 보장하게 될"(쇤베르크) 새로운 작곡 방식(12음 기법)을 발표했다. 쇤베르크와 나란히 현대음악의 문을 연 스트라빈스키는 러시아 발레단 디아길레프Sergey p. Diaghilev와의 운명적인 만남 이후 〈불새The

Firebird〉(1910), 〈페트르슈카Petrushka〉(1911), 〈봄의 제전The Rite of Spring〉(1913)을 통해 인위적이고 섬세한 낭만주의적 미의 개념과는 대립되는 새로운 음악 세계를 보여주었다.

이렇게 20세기 현대음악은 이전과는 다른 길을 가게 되었지만 역시 여기서 중요한 것은 독창성이었고, 새로운 예술 경향은 '모더니즘' 예술로 총칭되었다. 모더니즘 예술은 '아름다움'이라는 기존의 예술적 가치에서 벗어나 자신을 둘러싼 사회적·문화적 변화를 반영한 새로운 예술을 추구하는 경향을 의미한다.

현대음악에 나타난 모더니즘의 미학에서 가장 중요한 특징은 '전통 비판'이다. 모더니즘의 관점에서 볼 때 예술가는 확고부동한 기준을 가진 규범적인 과거와 단절하고자 했다. 전통은 본받을 만한 선례도 되지 못했고, 따를 만한 지침을 제공해줄 아무런 합법적인 권리도 갖지 못하게 된 것이다. 이렇게 과거의 전통이나 인습과 단절하면서 모더니즘 미학에서는 예술가의 주관성에 큰 의미를 두게 되었다. "가장 위대한 예술가는 자신을 표현하는 데 노력을 기울이는 사람"이라고 하면서, 예술이란 "인간의 운명을 자신의 내면에서 체험하는 사람이 외치는 살려달라는 소리"라고 한 쇤베르크의 주장은 당대의 모더니즘적 표현주의 예술 경향을 대변한다. 반면 예술의 자율성에 대한 믿음은 계속 고수되었다. 이들은 자신의 음악이 음악회장에서 연주된다는 사실을 당연하게 받아들였으며, 음악이 어떤 기능이나 목적에 매이거나 대중성을 겨냥해야 한다는 것은 완전히 낯선 것이었다. 주지할 점은 전통 비판에서 기원된 '모더니즘'이 아이러니하게도 자체적으로 전통을 만들게 되어 '반전통의 전통'의 특성을 보였다는 것이다. 다시 말해, 모더니즘으로서의 현대음악은 이전의 고전주의자에 대하여 비판적인 태도를 보이지만 스스로 고전성을 획득하려 노력하였다.

이러한 예술에 대한 확고한 믿음은 한편으로 음악과 청중의 분리, 다른 한편으로 음악과 삶의 분리를 가져왔다. 예술성 자체를 강조하는 모더니즘적 미학관에 따르면 예술은 진리와 의미심장함을 담아야 했고, 보편적이며 이성적인 가치에 의해 무질서하고 파편화된 산업사회에 질서와 의미를 부여해야 했다. 이러한 시각에서 대중성에 주력하는 예술과 뚜렷한 차별화가 나타났고, 이로써 '고급음악'과 '저급음악'이라는 모종의 이분법적 사고가 형성되었다.

모더니즘의 강력한 전통 비판은 제2차 세계대전 이후 아방가르드라는, 보다 과격한 예술 경향의 길을 열어주었다. 미술계에서는 "충격을 주지 않으면 회화가 아니다"라고 주장한 뒤샹Marcel Duchamp이 이미 20세기 전반기에 독특한 작품으로 새로운 바람을 몰고 왔지만, 음악에서는 1950년대와 1960년대에 본격화되었다.

아방가르드는 무엇보다도 '전통에 대한 과감한 비판'을 통해 새로운 방향의 예술을 창출하고자 하였다. "나는 거리낌 없이 받아들여지는 일이란 지금까지 한 번도 해본 적이 없다"라며 늘 미지의 영역을 개척하고자 했던 케이지는 소음을 과감하게 음악에 도입하였고, 자아의 통제에서 벗어난 우연성 음악을 시도하였다. '존재하지 않는 소리를 찾았던' 백남준은 소리 자체보다는 소리에 대한 새로운 인식을 시도하였고, 라 몬테 영La Monte Young은 단지 하나의 '음'으로 작품을 창출하고자 하였다. 아방가르드 음악가들은 기존의 음에서 벗어나 소음이나 환경을 음악에 끌어들였고, 전자적으로 창출된 새로운 음 재료를 음악에 사용하기도 하였다. 음악적 아방가르드 미학은 인간 사고의 무한한 영역을 개발하여 이를 예술적으로 실험·시도하였고, 이를 통해 특수한 미학적 경험을 청중에게 제공함으로써 '기존 음악 개념의 확장'을 가져왔다. 평균율로 조율된 음을 벗어난 소음, 전자음향 등 다양한 재료를 우연성 기법이나 컴퓨터 등 새로운 방식 및 매체와 연결하면서 기존의 음악에 대한 이해의 폭을 넓힌 것이다.

또한 아방가르드는 예술과 삶의 이분법을 지양하였다. 고정된 표현 형식을 거부하고, 일상의 다양한 환경을 예술에 시청각적으로 포용한 것이다. 그러므로 이러한 음악은 예술과 일상생활 간의 경계를 제거하려 노력하고, 예술의 자율적 가치를 부정하려는 시도로 이해할 수 있다. 이처럼 음악적 아방가르드 미학은 전통적으로 고착된 '제도예술에 대한 비판'으로 집약할 수 있다. 아방가르드는 예술의 전통적인 미적 가치에 대비되는 새로운 가치를 설정하고, 이를 통해 사회적 인식을 일깨우는 의미가 있기 때문이다.

이러한 맥락에서 음악적 아방가르드는 이중적 의미가 있다. 한편으로 아방가르드는 유효한 규칙을 받아들이지 않는 '저항의 언어', '도발적이며 부정적으로 표현되는 거부의 언어'다. 그러나 다른 한편으로 이러한 저항과 거부에는 사회적 변화에 대한 희망이 담겨 있다. 전통 비판을 통해 보다 나은, 더 이상적인 세계로 나아가고자 한 것이다.

향수와 향유의 미학: 포스트모더니즘

20세기 중반 이후 드디어 독창성의 절대적인 권위에 대한 의구심이 가시화되기 시작하였다. 독일의 현대 작곡가 볼프강 림의 명쾌한 글을 읽어보자.

> [그러한 아방가르드적 작곡가는] 왜 고독한가? 이해되지 못하니까! 왜 이해되지 못할까? 그는 결코 이해될 수 없으니까! 왜 이해될 수 없는가? 그는 너무 먼 미래에서 이야기하니까! 왜 그렇게 그는 [먼 미래에서] 이야기하는가? 그에게는 그의 상상력의 축적된 에너지가 그를 그곳으로 날려버렸기 때문에! [그렇다면] 왜 그는 거기서 돌아오지 않는가? 그는 돌아올 수 없다. 왜냐하면 그는 [돌아올 수 있는] 다리를 부숴버렸기 때문이다. 그는 급진적이다! 그가 급진적이며 아무도 그것을 알지 못하는 곳에서 이제 그는 무엇을 하는가? 아니다! 그는 이미 그곳 사람들을 안다. 물론 아주 적은 숫자의 사람들만을 알고 있지만! 아, 이들 또한, 예술가들이 축적된 에너지로 그곳에 간 것처럼 그곳에? 아니다. 그들은

그를 사상적으로 동반하고 그를 이해한다.[13]

미지의 세계에서 –림이 말하듯– '돌아올 수 없는 다리를 부숴버린' 모더니즘과 아방가르드에 대한 비판은 '포스트모더니즘' 예술을 낳았다. 건축, 문학, 음악, 철학 등 학문과 예술 전 영역에서 전개된 포스트모더니즘은 '다원주의·복수성複數性', '경계 허물기', '전체성 또는 총체성에 대한 반발' 등의 특성을 보이며 20세기 후반 예술 경향을 주도하였다. 음악에서 감지되는 변화는 요란스럽게 센세이션을 일으키는 새로운 경향의 작품보다는 인간의 주관에 호소하는 양식이 등장하기 시작하였고, 아방가르드적 경향을 추구했던 많은 작곡가가 전통적 낭만음악 또는 조성음악으로 복귀하여 '신낭만주의', '신조성주의' 등의 경향을 보이기 시작했다는 점에 있다. 또한 옛 음악 형식으로 복귀하고, 전통적 양식을 매개로 작품을 통해 청중과의 공감대 형성과 소통에 큰 의미를 두는 음악도 대거 등장하며 음악적 포스트모더니즘 경향이 뚜렷하게 자리를 잡게 되었다.

이러한 변화 가운데 눈에 띄는 점이 바로 새로움에 대한 가치가 변화했다는 것이다. 포스트모더니즘에서는 '태양 아래 새로운 것이 존재하지 않듯이 예술에도 이제 더 이상 새로운 것은 존재하지 않는다'라는 주장이 제기될 정도로, 독창성이 미적 척도로서의 의미를 상실하게 되었다. 그래서 과거에 만들어진 음악 양식, 작품, 재료를 창작에 다시 사용하는 것이 하나도 이상하지 않은 일이 되어버렸고, 그것이 작품의 예술적 가치를 해친다고 생각하지 않게 된 것이다. 베리오는 〈신포니아Sinfonia〉(1968)에서 말러의 〈교향곡 제2번〉(1888-1894) 중 스케르초 악장을 통째로 가져와 사용하였고, 크럼George Crumb은 〈현악 4중주 '검은 천사들Black Angels'〉(1970)에서 슈베르트의 〈죽음과 소녀Death and the Maiden〉를 인용하였고, 케이지는 〈유로페라Europeras 1 & 2〉(1987)에서 이미 작곡된 이전 오페라들의 다양한 단편을 인용하였다. 슈니트케Alfred Schnittke는 80여 분의 긴 〈교향곡 제1번〉(1969/1972)에서 서양음악사의 대곡들을 대거 음악적 재료로 활용하였다. 이러한 유형의 음악에서는 독창성 미학에서 핵심적 역할을 했던 '이전에는 존재하지 않았던 새로움', 청중에게 놀라움을 주는 '새로움' 대신에 감정적으로 소통하고 고유한 내면성과 강한 표현성으로 대중에게 감동을 주는 것이 중요해졌다.

이러한 포스트모더니즘이 보여주는 새로운 관점은 모더니즘적 음악에서 추구되었던 '인식으로서 예술'에서 '향유로서 예술'로의 전환이다. 전통에 대한 비판적 시각에서 새로움을 추구했던 모더니즘 미학에서 예술은 어떤 즐거움이나 유쾌함을 주는 대상이라기보다는 '진실', '사회비판' 등 높은 가치를 추구하는 인식의 대상이 되었다. 그렇지만 포스트모더니즘에서는 이러한 모더니즘의 이분법적 사고가 비판되었다. "교양층을 위한 예술, 비교양층을 위한 하위예술이라는 생각은 산업화된 대중 사회에서 기분 나쁜 구별의 마지막 유품이다"라고 피들러Lorenz Fiedler는 말한다.[14]

포스트모더니즘에서 예술은 인식의 대상이 아니라 미적 경험을 하면서 직접 참여하고 즐길 수 있는 차원으로 이해되기 시작했고, 이에 따라 고급예술과 저급예술의 벽이 사라지는 계기가 마련되었다. '표현성', '주관성' 등의 측면이 작곡가들에게 새로이 주목받게 된 현상과 함께, 최근 들어 음악 문화에서 많이 등장하는 크로스오버cross-over 현상이 바로 이러한 음악적 사고의 변화를 보여준다고 하겠다. 이러한 현상은 '일상생활의 미학화'라는 측면에서 예술과 예술 산업의 생산물을 서로 보완시키려는 시도로 설명되기도 한다. 이제 예술은 감상하고 즐기고 동참할 수 있는 것으로 이해되기 시작했고, 그 대상을 고급·저급으로 나누지 않고 그러한 한계를 넘어서서 자유롭게 접근하게 된 것이다. 이러한 생각을 문예학자 야우스Hans R. Jauß가 '향유의 미학Ästhetik des Genießens'으로 개념화하였다.[15] 반反아도르노적 사고가 지배적인 향유의 미학에서 '진보'의 의미는 약화되었다고 할 수 있다.

작곡에서 사운드 디자인으로: 디지털 시대의 컨버전스 음악

20세기에 모더니즘과 포스트모더니즘의 변화를 거친 음악사는 21세기 들어 테크놀로지의 진보와 맞물려 또 한 번 변화의 소용돌이를 맞게 되었다. 컴퓨터와 인터넷을 매개로 다양한 정보가 혼합되면서 예술 전반에 일대 변혁이 일어났고, 디지털 테크놀로지가 일상에 침투하여 우리의 삶과 예술을 통째로 바꾸게 된 것이다. 음악학자 다누저Hermann Danuser는 이러한 변화 속에서 전통적 의미의 '작곡composition'이 '사운드 디자인sound design'으로 변화되었다고 본다.[16] 이제 작곡이란 화성법과 대위법을 공부하는 전통적 음악교

육에 따라 진행되는 것이 아니라 개별적 음향 또는 개별적 음향의 그룹, 예를 들어 사이언스 픽션 영화에 나오는 기계나 무기, 일상적 소음의 미래주의적 음향 또는 컴퓨터 프로그램에서 창출된 소리 등 다양한 테크놀로지를 활용하는 것으로 의미와 과정이 바뀌었다는 것이다.

'작곡'이 '사운드 디자인'으로 변화되는 중요한 배경에는 디지털 테크놀로지의 발전이 자리 잡고 있다. 디지털 테크놀로지를 활용한 음악은 -음악학자 원유선에 따르면- '디지털 컨버전스 음악'으로 정의된다.[17] 컨버전스는 상이한 영역들이 만나서 융합되는 양상을 지칭한다. 즉 올드미디어와 뉴미디어의 융합, 현실과 가상의 융합, 미디어와 신체의 융합이 일어나면서 새로운 유형의 현대음악 양상과 미학이 나타나고 있다는 것이다. 이러한 변화를 가브리엘 프로코피에프Gabriel Prokofiev와 알렉산더 슈베르트Alexander Schubert의 작품을 통해 접근해보자. 이 두 현대 작곡가는 흥미롭게도 음악사의 유명한 작곡가와 성이 같은데, 프로코피에프는 우리가 알고 있는 세르게이 프로코피에프Sergei Prokofiev의 후손인 데 비해 슈베르트는 낭만주의 작곡가 프란츠 슈베르트와 직접 관련성은 없다.

프로코피예프는 디지털 문화를 대표하는 리믹스 기법으로 서양 예술의 고전적 상징성을 지니는 베토벤의 〈교향곡 제9번〉 제4악장을 음악적 재료로 삼아 〈베토벤 9번의 교향적 리믹스Beethoven 9 Symphonic Remix〉(2011)를 발표하였다. 리믹스 기법은 일렉트로닉, 힙합 음악, 댄스 음악 등에서 보편적으로 사용되는 방식으로 원작의 음원에서 일부를 떼어내고 뒤섞어 재배치하는 방식이다.

리믹스로 얻고자 했던 목적 중 하나는 원재료를 완전히 새로운 양식으로 재탄생시키는 것이었다. 지금 현대에 많이 쓰이는 양식과 동시에, 오래된 양식들을 함께 사용하는 것이 매우 흥미로울 것이라고 생각했다. 이 작품에는 모더니즘, 미니멀리즘, 힙합, 그라임, 북아프리카, 신고전주의, 펑크, 수피 지크리Sufi Zhikri, 바로크, 하우스, 일렉트로어쿠스틱 등 수많은 양식이 살아 숨 쉬고 있다. 각 양식은 베토벤의 작품에 새로운 문화적 사회적 맥락을 가지고 온다.[18]

프로코피예프는 예술음악의 주요 작곡 기법인 전위, 역행, 캐논, 이조 같은 기법이 현재 디지털 문화에서 사용되는 루핑looging, 스트레칭stretching, 리버싱reversing 기법과 유사하다고 보면서, 이러한 기법을 오케스트라 음악과 샘플러 음악에 적용하였다. 그의 〈베토벤 9번의 교향적 리믹스〉에서 오케스트라 파트는 작은 음악적 파편이 병치되고 재조합되었는데, 인용된 선율의 파편이 유기적으로 발전되지 않고 끈질기게 반복되는 형태는 일렉트릭 기타의 리프riff와 유사해 보인다.

이 작품에 사용된 리믹스 기법은 샘플러가 내는 사운드를 통해 나타난다. 흥미로운 점은 이 곡의 제4악장에 나오는 합창(인성)을 앰프로 대체하여 라이브 음악을 뒷받침하는 효과로 사용했다는 것이다. 프로코피예프는 작품의 초연을 맡은 합창단이 연주한 〈환희의 송가An die Freude〉를 녹음하여 활용하였는데, 합창단은 〈환희의 송가〉를 다양한 언어와 템포로 부르고 특정한 단어를 속삭이거나 외치면서 원곡을 변형하였다. 레코딩된 음악은 전자적인 처리를 통해 샘플러로 연주되었다. 즉, 이 작품은 베토벤 교향곡을 리믹스라는 현시대의 기술 문화를 사용하여 해체하고 재조합한 것이다. 이를 통해 베토벤은 21세기적으로 새롭게 탄생하였다.

사운드와 미디어가 교차하는 알렉산더 슈베르트의 〈네 여우의, 더러운 금Your Fox's, A Dirty Gold〉(2011)을 살펴보자. 생물정보학을 전공한 독일의 현대음악 작곡가 A. 슈베르트는 인간의 감각적인 측면을 강조하는 '몸을 위한 음악music for the body'을 시도한다. 〈네 여우의, 더러운 금〉에서는 디지털 모션 센서를 매개로 제스처와 사운드를 연결하여, 미디어와 신체의 융합을 시도하였다. 높은 음역에서 소리를 지르거나 저음역에서 읊조리면서 노래를 하는 연주자는 마이크와 일렉트릭 기타, 위wii 컨트롤러를 사용하여 악보에 기보된 지시에 따라 손을 올리거나 손뼉을 치거나 기타를 친다. 이때 주목되는 점은 연주자가 움직이면서 제스처를 취하면, 그 제스처가 연주자의 양팔에 부착된 위 컨트롤러의 블루투스를 통해 데이터 정보로 변환된 후 컴퓨터로 전송되어 소리가 나오게 된다는 점이다.

퍼포머가 기타를 연주하는 경우에도 기타 자체에서는 소리가 나지 않고, 기타의 시그널 역시 데이터를 통해 컴퓨터로 전송되어 컴퓨터에서 사운드가 나게 된다. 이때 기타를 뜯는 행위의 종류와 힘에 따라 컴퓨터에 저장된 소리의 재생이 조절된다. 즉 〈네 여우의, 더러운 금〉에서 목소리를 제외한 모든 소리는 연주자의 제스처에서 생성되며, 이에 신체적 제스처와 음향적 구조가 동등하게 사운드를 창출하는 역할을 하게 된다. 연주자가 보여주는 다양하고 강렬한 제스처를 통해 '육체성'이 강조된다는 점도 흥미롭다.[19]

여기서 오늘날 미디어와 신체의 경계가 교차되는 현상을 발견할 수 있다. 연주자의 신체는 센서라는 디지털 기술을 통해 사운드로 다시 매개되며, 신체는 육체적인 것인 동시에 정보와 에너지로 치환된다. 테크놀로지가 퍼포머의 연주와 동일한 존재감을 드러낸다는 측면에서 이 작품은 포스트휴머니즘 미학, 즉 인간을 넘어서는 음악의 새로운 패러다임을 보여준다.

디지털 시대에 접어들면서 음악은 기존에 이미 만들어진 작품이나 음악 재료를 디지털 기법과 다양한 미디어 콘텐츠로 활용하여, 서로 다른 정보 간의 변환 및 결합을 통해 만들어지고 있다. 작곡가는 동시대 문화의 소비자이자 생산자이며, 다양한 문화적 산물을 현시대의 감수성으로 재해석한다. 일상 속에서 미디어가 제공하는 감각에 영향을 받은 인간의 신체적 감각을 형상화하고, 그동안 타자로 간주되어온 기계적 감각이 예술적 형태로 표현되면서 새로운 미학적 감성이 나타나고 있다고 볼 수 있다.

아이디어가 음악이 될 수 있을까?: 21세기 개념미학

21세기 음악에서 '진보' 개념의 새로운 발현은 '소리'가 아니라 '생각', 즉 작품의 '아이디어'로 영역을 넓히게 된다. '개념음악'이 바로 그 새로운 유형이다. 개념음악은 2000년대 이후 등장한 용어로, 작품을 관통하는 아이디어가 전면에 드러나는 음악을 지칭한다. 전통적으로 작곡에서는 선율·화성·리듬의 음악적 요소를 조합하여 작품을 만들었고, 따라서 작곡가는 화성법·대위법 그리고 형식론·악식론 등 음악의 규칙을 학습해야 했다. 20세기 들어 음악적 재료가 전자적 매체로 합성한 사운드, 소음, 시각적 요소 등으로 확대되었지만, 여전히 음악적 재료의 합성이 관건이 되었다. 그런데 앞서 언급한 크라이들러의 〈간접광고〉가 보여주듯이, 재료의 합성을 통해 사운드를 만들어내는 것보다는 작품의 아이디어가 작품을 결정짓는 요소가 되는 음악이 나타난 것이다. 예컨대 〈간접광고〉에서처럼 '음악사 전체를 짧은 순간으로 압축'한다든지, '저작권법이 현대에 더 이상 유효하지 않다는 비판' 등이다.

사실 이러한 시도는 이미 케이지의 다양한 작품에서 가시화되었다. 〈4분 33초〉에서 가장 중요한 것은 아이디어라고 할 수 있다. 그런데 케이지의 이러한 음악이 단지 아방가르드 미학에서 논해진 것은, 이러한 유형의 음악이 사회적 컨텍스트에서 자리 잡지 못하였기 때문이다. 새로움이 영향을 미치려면 시대적·제도적 컨텍스트가 함께 맞물려야 하는데, 1950년대에는 아직 그러한 환경이 조성되지 않았던 것이다. 그렇지만 21세기에 디지털 혁명이 음악의 영역에도 나타나는 상황에서 케이지가 시도했던 음악, 즉 아이디어를 통해 작품을 창출하려는 시도는 이제 제도적으로 자리 잡게 되었다.[20]

즉 본격적인 개념음악은 21세기 디지털 문화 속에서 출현하였다. 이러한 유형의 음악은 웹상의 콘텐츠를 재료로 삼아 아이디어를 부각하는 '디지털 레디메이드digital ready-made' 전략을 통해 나타났고, 기존의 재료를 트랜스크립션transcription하여 낯선 효과를 가져오거나 현시대의 제도나 관습, 질서와 규칙을 소재로 이를 패러디하는 방식을 주로 취했다.[21]

개념음악의 대표적 작곡가이자 과격한 현대음악 작곡가로 평가되는 크라이들러의 음악 세계를 통해 이 새로운 음악의 유형을 살펴보자. 크라이들러는 인터넷에서 작품의 재료를 찾아, 그것으로 참신한 아이디어를 보여주는 작품을 만들어 다시 인터넷에 발표하였다. 그는 많은 구독자가 있는 유튜버이기도 한데, 21세기 디지털 기술이 인간의 의식과 사고에 근본적 영향을 미쳤고 이에 따라 음악적 재료의 확장과 음악 제도에 대한 도전이 필요하다고 주장한다.

예를 들어 크라이들러의 〈외주Fremdarbeit〉를 보자.[22] 크라이들러는 직접 작곡을 하지 않고 인터넷에서 자기 대신 작곡해줄 사람을 검색했다. 우연히 중국인 작곡가와 인도인 프로그래머를 싼값에 고용하여 이들이 생산한 작품과 알고리즘의 저작권 및 특허권을 구입하였다. 그는 이들에게 자신의 최근작을 보여주고 최대한 유사한 음악을 만들어 달라고 주문하였다. 이에 중국인 작곡가는 크라이들러의 기존 양식을 답습한 작품을 작곡하였고, 인도인 프로그래머는 크라이들러가 자주 사용한 음악 양식과 음색, 볼륨, 텍스처를 계산하여 유사한 작품을 생산할 수 있는 알고리즘을 개발하여 새로운 음악을 만들었다. 이렇게 완성된 작품은 크라이들러의 이름으로 초연되었고, 이후 세계 각지의 음악 페스티벌에서 연주되어 제작 비용을 훨씬 뛰어넘는 수입을 가져다주었다. 그가 고용한 두 사람은 비정규직을 전전하며 빈부격차와 경제적 불평등에 시달리는데, 그 모습과 대조될 수밖에 없는 상황을 연출한 것이다. 〈외주〉는 총 4악장으로 구성되었고, 각 악장 사이에서 크라이들러는 사회자가 되어 작품의 제작 과정을 폭로한다.

기발한 아이디어가 아닐 수 없다. 크라이들러는 신자유주의 시대에 노동을 제3 세계의 외주 시스템에 의해 조달하는 상황이 자본주의의 노동력 착취라고 비판적으로 보면서, 이러한 메시지를 작품에 담은 것이다. 그는 현재 우리가 입는 옷과 컴퓨터 키보드는 모두 세계화를 표방한 신자유주의의 경제적 착취의 결과라고 말한다. 또한 원유선의 지적처럼 "기술이 정교하게 발전하여 타인의 작곡 기법을 쉽게 모방할 수 있는 현시대에 새로운 곡을 작곡한다는 것이 무엇인지"에 대한 문제를 제기한다.[23]

이처럼 현대음악의 새로움은 끝이 없어 보인다. 조성이 해체된 무조음악이 현대음악의 최대 변화라고 보았던 시기를 지나, 전자음악과 컴퓨터음악 등 매체의 변화를 거쳐, 이제 사운드보다 아이디어가 음악 작품을 결정하는 음악까지 등장한 흥미로운 시대에 도달한 것이다. 일찍이 쇤베

크라이들러 〈외주〉의 제작 과정

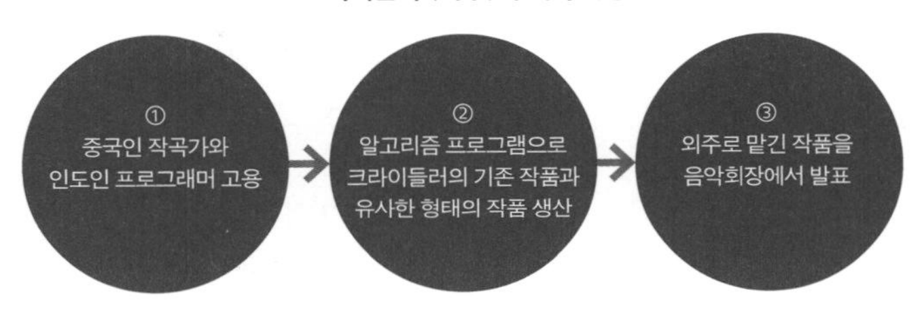

르크는 '음악의 양식과 사상'이라는 글(1950)에서 예술 작품에서 가장 중요한 것은 아이디어idea라고 하면서, 양식style을 아이디어가 요구하는 모두를 실행하는 일종의 수단으로 보았다. "음악은 음악적 아이디어의 표현이다"라고 강조한 것도 인상적이다. 물론 쇤베르크는 자신의 아이디어를 전통적인 음악적 재료로 실현하였지만, 오늘날 개념음악 작곡가들은 오로지 아이디어로 승부하며 새로움을 표명하고 있다. 어쩌면 개념음악이 쇤베르크의 생각을 진정으로 실현하고 있다고도 볼 수 있을 것이다.

음악과 수학은 어떤 관계가 있을까?

– AI 작곡가 이봄의 〈그리운 건 모두 과거에 있다〉와 음악의 수학적 성격

바흐의 푸가를 들으면, 정교하고 아름답게 만들어진 건축물을 마주하는 느낌이 든다. 하나의 주제 선율이 차곡차곡 겹쳐지면서 수직적·수평적으로 완벽한 균형을 이루는 것이, 마치 수학 공식에 의해 만들어진 명제들이 공간을 단계적으로 메우고 있는 듯하기 때문이다. 칸트가 "음으로 표현된 감정적 조화는 발생하는 공기의 진동수에 비례함으로써 일정한 수학적 법칙으로 귀결할 수 있다"라고 말한 것도, 이처럼 겉으로 나타나는 아름다운 선율과 화성 이면에 담긴 수학적 논리를 발견했기 때문일 것이다.

음악에 수數 또는 수학數學을 연결한다는 것이 썩 어울리지는 않아 보이지만, 음악을 '수학적 논리'와 연결하는 시각은 고대부터 현대까지 음악을 보는 중요한 관점이었다. 사실 '수'는 음악 곳곳에 내재해 있다. 화성과 리듬은 3도 음정·I도 화음·3/4박자·8분음표 등과 같이 수와 관련되어 있고, 주파수(진동수)에 따라 음높이가 결정되며, 악기의 음역도 결정된다. 또한 중세의 '아이소리듬 모테트isorhythmic motet', 르네상스 시대 오케겜J. Ockeghem의 〈36성부 카논〉 등의 예에서 볼 수 있듯이 전통적 장르에 사용되는 작곡 기법 역시 숫자와 수의 비율 관계에 의해 구성된다. 더욱이 20세기 들어 피보나치 수열, 추정 통계학 이론 등을 활용한 음악 등이 나타나면서 수적 원리가 음악 작품의 전면에 부상하였고, 전자음악과 컴퓨터음악 등의 등장과 함께 첨단 수학적 원리가 음악과 연계되고 있다.

주목할 점은 음악을 수와 수적 비율로 설명하는 이러한 정의에는 두 가지 측면이 내재해 있다는 것이다. 음악의 수학적 특성은 음정과 음계 등을 설명하는 이론적 측면에서 중요한 의미가 있고, 다른 한편 음악의 미적 가치 및 의미와 연계하여 전개된다. 예컨대 황금비율이 아름다움의 토대가 되듯이, 수학적 원리가 음악적 아름다움을 창출하는 원리로 작용하는 것이다.

최근 인공지능AI이 알고리즘을 활용하여 작곡을 하는 현실은 음악의 이러한 수학적 측면을 첨예하게 보여준다. 이제 음악적 아름다움을 수학적 계산을 통해 창출하는 시대가 된 것이다. 이러한 음악은 어떤 아름다움을 창출할까?

●○ **음악듣기**

AI 작곡가 이봄Evom의 〈그리운 건 모두 과거에 있다Everything I miss is in the past〉(2021)

이봄은 광주과학기술대학GIST 안창욱 교수팀이 2016년에 만

든 인공지능 작곡가다. 딥러닝deep learning과 진화 알고리즘을 결합한 방식으로 작곡 이론의 심층학습을 통해, 음계를 무작위로 조합하는 진화 연산evolutionary computing을 거쳐 작품을 만든다. 기존의 AI 작곡은 다양한 음악의 미디MIDI 데이터를 대거 입력하고 그 입력의 패턴을 기반으로 해서 음악을 작곡하는 방식을 따랐는데, 안창욱 교수는 이러한 방식으로 작곡되는 음악에는 창의성이 부족하다고 지적하였다. 이러한 방식과 차별화하여 그는 fMRI(기능적 자기공명영상)에 착안하여 실제 작곡가가 작곡할 때 이루어지는 뇌의 동작을 참고하여 작곡 프레임을 짰다. 이봄은 (인간 작곡가들처럼) 음악 이론에 기초하여 작곡하기 때문에 복잡하고 정교한 곡을 만들 수 있다고 한다. 이봄은 예술음악뿐 아니라 힙합·발라드·팝 등 다양한 장르의 음악과 실용음악 분야의 음악을 작곡하고 있으며, 2020년에는 남성 듀오 조이 어클락Joy o'clock과 함께 제작한 싱글 앨범을 발매하였다. 이 음반의 타이틀곡 〈수고했어, 나〉는 포스트코로나 시대의 힘든 일상 속에 지쳐가는 '나'에게 감미로운 선율로 괜찮다고 위로해준다. 2021년 발표한 〈그리운 건 모두 과거에 있다〉는 '감성적인, 잔잔한, 차분함'이라는 키워드로 만든 작품으로, 단순하게 반복되는 화음을 배경으로 중심 주제가 잔잔하게 펼쳐지며 청자의 마음을 사로잡는 곡이다.

안창욱 교수팀은 뮤지아MusiA 유튜브 채널을 통해 지속적으로 다양한 음악을 출시하고 있다. 세계적으로 다양한 인공지능 작곡가들이 출현하는 상황에서 한국의 AI 작곡가 이봄의 행보가 주목된다.

'수에 근거한 우주의 하모니'로서의 음악: 피타고라스

음악과 수의 관련성 또는 수학적 음악론의 논의에서 가장 중심을 이루는 철학자는 두말할 필요 없이 피타고라스다. 에게해의 사모스섬 지방에서 출생한 피타고라스는 서구 정신문명에 큰 영향을 미친 인물로, "직각삼각형의 빗변을 한 변으로 하는 정사각형의 면적은 다른 두 변을 각각 한 편으로 하는 두 정사각형의 면적의 합과 같다"라는 피타고라스 정리를 발견한 수학자일 뿐만 아니라 철학자·과학자·의사로 불리며 다양한 활동을 하였다.[24]

피타고라스학파는 수를 '만물의 원리Arche'로 규정하였다. '모든 것은 수로 이루어졌다'라고 주장하며 사물의 본질이 수에 있다고 믿었고, 모든 현상을 수학적으로 관찰하고 수적 비율 관계로 풀려고 하였다. 이러한 주장은 세상의 근원을 '불, 흙, 공기, 물'이라는 4원소의 조합으로 설명하였던 이전 그리스 사상에 도전하는 혁신적인 것으로, 만물의 본질을 추상적인 형상에서 찾았다는 점이 특히 주목된다. 수는 형상을 부여하는 자이며, 이 형상을 통해서 규정되지 않았던 것이 규정된 어떤 것이 된다.[25] 피타고라스에게 수학이란 눈에 보이는 세계와 보이지 않는 세계 사이에 놓인 '다리' 역할을 하는 것으로, 그는 수학을 통해 일시적이고 물리적인 세계로부터 영원하면서 결코 변하지 않는 진정한 세계로 갈 수 있다고 보았다.[26]

피타고라스학파는 수학을 수 자체의 '수론', 그 응용으로서의 '음악', 수의 표현이 정지 상태의 도형으로 나타나는 '기하학', 움직이는 도형으로서의 '천문학'으로 구분하였다. 수론의 경우 1에서 10까지의 자연수를 양量으로 분류하고, 여기에 상징성을 부여하였다. 즉 피타고라스는 수에 대한 양적 의미 및 특징을 연구하였고, 이에 수학의 창시자로 평가받는다. 그렇지만 그는 여기에 그치지 않고 수 또는 수학을 통해 특별한 가치를 지닌 '질서'를 설명하였고, 이로써 수는 사물의 본질로서 형이상학적 의미를 부여받았다고 볼 수 있다.[27]

모든 사물의 현상을 수로 설명한 피타고라스학파의 주장은 특히 음악 분야에 적용되었다. 수 자체는 근본적으로 음정의 개념과 밀접한 관련이 있고, 음정을 분류하는 기준이 되었다. 피타고라스는 한 음의 울림으로는 음악이 될 수 없으며, 음들이 음악적으로 되는 것은 음들의 관계를 통해서 가능하고, 이 관계는 수학적 비율로 결정된다고 보았다. 그래서 음들의 관계를 수학적으로 설명하려고 시도하였고, 이를 통해 그는 최초로 음정을 수적 비율 관계로 분석한 '서양음악 이론의 창시자'라는 별칭을 얻었다.

피타고라스가 어떻게 음들의 관계를 수학적으로 풀어나갔는지에 대해서는 다음의 유명한 대장간 일화로 설명된다. 다양한 버전으로 전해지는 피타고라스의 대장간 이야기는 중세의 음악 이론가 보에티우스Boethius가 전하였다.

> 피타고라스는 오랫동안 음악의 협화음정을 결정하는 합리적인 기준을 찾기 위해 노력해 왔다. 어느 날, 신의 안내를 받아 그는 대장간 옆을 지나게 되었다. 대장간에서는 음악적 조화를 이루는 소리가 흘러나오고 있었다. 그는 놀라서 그곳에 다가갔다. 서로 협화를 이루는 음고들이 망치에

서 나는 것 같았기 때문이었다. 그는 망치의 무게들을 점검해 보았고 첫째 망치는 12파운드, 둘째 망치는 9파운드, 셋째 망치는 8파운드, 넷째 망치는 6파운드가 나간다는 것을 알아냈다. 12파운드와 6파운드짜리 망치는 옥타브, 즉 두 개의 음고가 가장 일치하는 소리를 내는 음정으로 울렸다. 12파운드와 8파운드짜리 망치, 그리고 9파운드와 6파운드짜리 망치는 옥타브 다음으로 아름다운 음정인 5도 소리를 냈다. 12파운드와 8파운드 망치, 그리고 8파운드와 6파운드 망치는 협화음정 중 가장 좁은 음정인 4도 소리를 냈다. 이러한 방식으로 피타고라스는 음악적 하모니의 비율, 불변의 본질을 발견해 냈다. 옥타브는 2:1, 5도는 3:2, 4도는 4:3의 비율에서 발견된다. 여기서 한발 더 나아가, 음악의 기본적인 구성단위인 온음은 4도와 5도 간의 차이, 즉 3:2(혹은 12:8)와 4:3(혹은 12:9) 간의 차이인 9:8이다.[28]

이에 따라 피타고라스는 음악에서 옥타브, 5도, 4도와 같은 음정의 화성적 성격을 2:1, 3:2, 4:3이라는 수학적 비율에 근거하여 설명하였고, 비율이 단순할수록 완전성에 가까운 것으로 규정하였다. 즉 피타고라스학파는 숫자 1에서 3까지를 정수로 나눌 수 없는 가장 기본적인 수로 인식하였고, 이를 음정의 가치를 부여하는 기준으로 삼은 것이다. 이처럼 음악의 근본적 원리를 이루는 수학적 관계들을 일컬어 '하르모니아'라고 불렀고, 이를 연구하는 학문을 '하모니론harmonics'이라고 하였다. 이때 하르모니아는 오늘날의 의미의 화성harmony이 아니라 넓은 의미에서의 '조화'와 관련된 것으로, 미학적으로 폭넓게 이해되었다. 이와 같이 피타고라스학파가 얻은 음정의 수적 비율은 서양음악이론의 기초가 될 뿐만 아니라 음향학 및 음악심리학의 기초가 되었고, 이후 서양음악과 미학의 발전에도 큰 영향을 주었다.

더 나아가 피타고라스학파의 수학적 음악론은 천공 하모니론으로 집약된다. 피타고라스는 세계와 천체天體, sphere는 모두 수적 비율에 따라 구성된다고 보았고, 이러한 맥락에서 행성들의 공전 주기나 지구로부터 각 행성까지의 거리를 모두 수의 관계로 설명하였다. 수적 비율을 통해 천체는 조화를 이룬다고 보았고, 이를 '코스모스(질서)'라고 불렀다. 즉 코스모스란 개념에는 수의 비율이 질서와 아름다움이라는 가치와 연결되었다.

수의 질서와 소리의 진동수 사이의 관계를 밝힌 피타고라스

흥미로운 점은 피타고라스가 천체 자체도 일종의 '음악'이라고 보았다는 것이다. 우리는 하늘의 별들을 바라볼 때 아무런 소리를 들을 수 없지만, 별들 자체도 소리를 가지고 있다는 것이다. 아리스토텔레스에 따르면, 이러한 주장은 두 가지 전제에서 출발한다. 첫째 행성은 크기와 속도에 따라 필연적으로 음향을 산출하며, 둘째 행성 간 간격의 비율은 음정의 조화로운 비율에 상응한다는 것이다.[29] 이를 플라톤은 "모든 천체에는 스스로 음을 내는 사이렌이 존재하며, 모든 8개의 음은 함께 화음을 형성한다"라고 묘사하기도 하였다.[30] 즉 우주에는 이러한 조화로운 관계를 통해서 '천체 음악music of spheres' 또는 '천체 하모니Sphährenharmonie'가 생긴다는 것이다.

피타고라스학파는 이러한 '소리 나는 코스모스'를 신적인 생명체로 추앙하였다. 아쉽게도 보통의 인간은 이러한 우주의 음악을 귀로 들을 수 없지만, 피타고라스는 이 천제의 하모니를 들을 수 있었던 유일한 사람으로 알려져 있다. 왜냐하면 그의 영혼은 물질적 존재의 감각적 한계에서 자신을 해방시켰기 때문이다. 그렇지만 보통 사람도 천공 하모니를 들을 수 있는데, 그것이 바로 수적 비율에 따라 구성된 코스모스와 동일한 비율로 구성된 '음악'이다. 피타고라스는 음악의 음정에 있는 비례들은 행성들의 거리, 원료의 합성, 훌륭한 사람들의 영혼 그리고 우주의 질서에 기여하는 모든 것에서 발견된다고 보았고, 특히 천체의 조직과 음 조직은 서로 일치한다고 강조하였다. 이에 음악을 귀로 들을 수 있는 우주의 하모니, 즉 '청취 가능한 코스모스'라고 본 것이다.

이러한 측면에서 피타고라스의 수적 음악 이론은 형이상학적 미학의 의미를 갖게 된다. 음악이 단순히 수의 비율에 따른 음정을 산출하는 것이 아니라, 우주의 하모니를 내재하고 있기 때문이다. '천체 음악론'으로 불리는 이러한 피타고라스의 미학관은 서양 음악미학의 출발점으로 평가되며, 음악이 세계의 조화를 미시적으로 반영하는 소우주라는 더욱 포괄적인 접근은 이후 미학계에 큰 영향을 미쳤다.

음악 속의 수학

"음악은 잘 구성된 움직임에 대한 학문이다Musica est scientia bene modulandi."

중세 철학자 아우구스티누스A. Augutitnus의 주장이다. 음악은 이성과 관계된 분야이며, '잘 구성되었다는 것bene'에서 아름다움이 창출된다는 것이다. 이러한 측면에서 아우구스티누스는 음악을 일종의 '학문'으로 규정하기도 하였다. 음악사의 흐름에서 다양한 유형으로 등장하는 음악의 수학적 특성을 바흐와 현대음악 작곡가들을 통해 살펴보자.

앞서 언급하였듯이, 바흐의 음악에 나타난 수학적 측면은 대위법의 정교한 짜임새 속에 전개되는 푸가와 같은 작품에서 찾을 수 있다. 동시에 바흐는 숫자 상징의 측면에서도 흥미로운 모습을 보여준다. 서구의 문화적 전통 속에서 각각의 숫자는 특별한 의미를 지니게 되었고, 이러한 상징성은 관습적으로 통용되었다. 보통 '3'은 삼위일체라는 성스러운 의미가 부여되어 완벽함을 의미하였다. 그리고 '7'은 7일의 천지창조, 7개의 행성, 7개의 세계 기적, 신전의 7계단 등과 연결되어 고대로부터 완전한 또는 성스러운 숫자로서 중요한 역할을 하였다. 이에 상응하여 바흐는 숫자를 통해 상징적 의미를 전달하며 작품을 구성하였다. 예컨대 〈푸가의 기법Die Kunst der Fuge〉(1750)의 주제는 7음으로 구성되었다. 7은 4+3으로 나뉘는데 이때 7은 '성스러운 수'로 바흐가 추구하는 기독교적 세계를 상징하며, '지구, 인간, 현 존재'라는 뜻의 4와 '삼위일체의 신성함'을 뜻하는 3의 결합으로 이해된다. 이를 통해 이 주제는 '아무것도 일어나지 않는 것들의 음악적 총괄 개념'으로서 '스스로에 근거하는, 순수한 존재'를 상징하는 것으로 해석된다.[31]

또 다른 숫자 상징은 '게마트리아Gematria'로 나타났다. 게마트리아는 A=1, B=2 등으로 알파벳의 모든 철자를 순서대로 숫자로 대치하는 숫자 상징법으로, 바로크 시대에 음악의 구조나 의미를 드러내는 방식으로 활용되었다.[32] 바흐도 게마트리아를 많이 활용하였는데, 예를 들어 14라는 숫자는 바흐의 이름 'Bach'에 해당하는 숫자를 합한 것이며(2+1+3+8), 41은 'J. S. Bach'에 해당하는 숫자를 합한 것(14+9+18)으로 모두 '바흐'를 의미한다. 그래서 《평균율 클라비어곡집Das wohltemperierte Clavier》 서주부의 첫 줄에 14개의 음표로 주제를 만들고 41개의 음표로 구성된 선율을 만든 것, 〈푸가의 기법〉 마지막 푸가의 제2 주제가 41개의 음으로 이루어진 것은 'J. S. Bach'라는 이름과 연결되어 자신을 음악 속에 상징적으로 집어넣은 것으로 볼 수 있다.

다른 한편 바흐의 작품에서 모티브의 구성과 진행, 성부 사이의 관계는 수학적 또는 논리적 구조를 보이는데, 이에 대한 호프스태터Douglas R. Hofstadter의 해석이 흥미롭다. 그는 『괴델, 에셔, 바흐: 영원한 황금 노끈』에서 논리 수학자 괴델Kurt Gödel의 이론, 화가 에셔Maurits C. Escher의 그림, 바흐의 음악을 연결하여 "영원한 황금 노끈을 엮어"가면서 세 분야의 연관성을 매우 논리적으로 보여준다.[33] 호프스태터는 특히 바흐의 〈음악의 헌정Musikalisches Opfer〉(1747)에서 나오는 캐논 기법에 주목하였다. 이 작품은 프리드리히 대왕 주제를 정교하게 작업한 '확대, 축소, 전위, 역행 캐논'을 포함하고 있다. 바흐의 2성부 캐논은 위 성부의 시작 음부터 진행

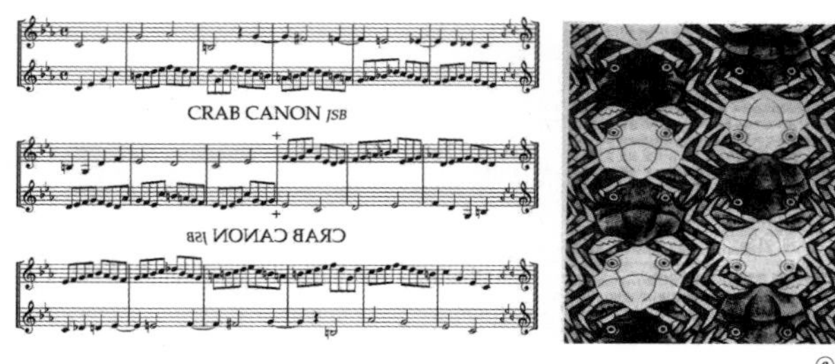

© M.C. Escher

바흐의 〈역행 캐논〉과 에셔의 〈게 카논〉

되는 리듬이 그대로 아래 성부의 맨 마지막 부분에서도 재현되면서 완벽한 논리적 구조를 보여준다. 호프스태터는 여기서 이른바 '게 캐논'이라 불리는 바흐의 〈역행 캐논Crab Canon〉이 게crab의 유전자 DNA 구조와 유사하며, 더 나아가 에셔의 〈게 카논Crab Canon〉(1965)에서도 그대로 발견된다고 주장하였다. 게의 DNA는 계속해서 나선형으로 회전하는데 두 줄의 DNA 나선 구조를 펼쳐놓으면 역행 구조를 보이며, 에셔의 그림에서는 하얀 게와 검은 게가 시각적 착각을 일으킬 정도로 논리적으로 구성되어 있어서 흥미롭다. 이처럼 호프스태터는 음악과 수학 그리고 미술이 하나의 원리로 연결되고 있음을 보여준다. 이를 통해 바흐 음악의 수학적 구성 원리를 다시 한번 확인할 수 있을 것이다.

20세기 들어 음악과 수학의 관계는 더욱 밀접해졌다. 쇤베르크는 12음 기법을 통해 수학적 원리에 따라 작곡하는 체계화된 방법을 시도하였다. 12음 기법이란 한 옥타브 안의 12개 음을 조직적으로 배열하여 곡을 구성하는 방식으로, 12음이 한 번씩 사용된 '기본 음렬'과 여기서 파생된 '전위·역행·역행전위' 음렬을 사용하여 작곡하는 방식을 지칭한다. 작곡가는 개인적인 선택에 따라 12개의 음을 순서대로 배열하며, 이때 각각의 음은 단 한 번만 선택될 수 있다. 이렇게 만들어진 기본 음렬은 전위I, 역행R, 역행전위RI의 세 가지 선율적 변형이 가능하다. 이렇게 형성된 네 가지 음렬은 음정 관계에 의해 형성된 것이므로, 각각 시작되는 음에 따라 열두 가지로 변형할 수 있다. 이에 따라 하나의 기본 음렬에서는 총 48개의 음렬이 나온다. 즉 12음 기법의 음악이란 이렇게 하나의 기본 음렬에서 파생된 48개의 음렬을 수직적·수평적으로 다양하게 활용하는 음악이라고 할 수 있다. 여기에서 구성된 음렬은 조성적 화성의 규범성을 대신할 수 있는 새로운 질서와 규칙을 만들어주고, 이로써 작품의 통일적 원리는 고도로 조직화된다. 쇤베르크의 12음 기법이 철저하게 적용된 〈피아노 모음곡,

Op. 25〉(1921-1923)의 각 악장은 하나의 기본 음렬에 의해 12음 기법으로 작곡되었기 때문에, 여기서는 각 악장의 통일성은 물론이거니와 작품 전체의 통일성이 구현되었다. 특히 이 작품은 48개의 음렬 가운데 감5도 관계를 가지는 8개의 음렬만으로 작곡되었다.

바르토크Béla Bartók 역시 수학적 특성을 음악에 적용한 대표적 작곡가다. 그는 아름다움의 이상적 비율로 알려진 황금분할Golden Section 비율(1:1.618)과 '각 항은 선행하는 두 항의 합과 같다'라는 피보나치 급수를 활용하였다. 〈현과 타악기, 첼레스타를 위한 음악Music for Strings, Percussion, and Celesta〉(1936)의 경우 제1악장 주제 선율의 음정은 피보나치 수열에 맞게 1-2-3-5 음정의 주제로 진행된다. 또한 전체 88마디 구성 중 황금분할 점에 해당하는 마디 56을 중심으로 두 부분으로 나누어지면서, 다이내믹의 상승과 하강이 대칭적으로 구성되었다. 즉 이 곡의 음정 진행과 형식 구성은 수학적 특성에 근거한다.

이러한 예를 통해서 음악적 아름다움이 예술가의 직관에 의하기보다는 치밀한 계산을 토대로 형성됨을 알 수 있다. "어떤 주제의 열정적인 감화력은 흔히 생각하듯 작곡가의 극심한 고통에 있는 것이 아니라 증음정에 있는 것이고, 영혼의 떨림에 있는 것이 아니라 팀파니의 트레몰로에 있는 것이며, 작곡가의 그리움에 있는 것이 아니라 반음계에 있는 것"[34]이라는 음악미학자 한슬리크의 주장이 떠오르는 것은 자연스러운 일이 아닐 수 없다. 음악은 갑자기 떠오르는 영감으로 순식간에 만들어지는 것이 아니라, 계획하고 계산하며 고민에 고민을 더하는 작업을 통해 창작되는 것이다.

알고리즘과 음악: AI 작곡가의 출현

2016년 이세돌과 알파고의 대국에서 알파고가 승리한 것이 새로운 시대적 징후로 읽혔듯, 인간과 테크놀로지의 협업은 새로운 문화 아이콘으로 등장하고 있다. 음악 역시 예외가 아니다. 전자음악의 등장 이후 컴퓨터·디지털·사이버네틱스 등의 테크놀로지가 음악의 창작에 다층적으로 적용되었고, 최근 들어서는 AI가 미래의 음악적 패러다임을 뒤흔드는 중추적 기술로 논의되고 있다. AI 작곡은 일련의 법칙 혹은 산법을 사용하여 음악적 구조와 요소를 만들어내는 알고리즘을 활용하는 방식으로, 2000년대에 들어와 인공신경망과 빅데이터, 고성능 컴퓨터의 등장으로 한층 진화된 모습을 보였다. 보통 AI는 특정 기술이라기보다는 하나의 특정 주제를 사람처럼 생각하고 사람처럼 행동하는 능력을 지닌 기계·시스템을 컴퓨터를 통해 실현하는 기술을 의미하는 것으로, 머신러닝machine learning과 딥러닝을 통해 작동하게 된다.

이러한 기술을 활용하여 음악의 창작을 시도하는 AI 작곡가의 위상은 당당하다. 예일대학교 컴퓨터 공학자 도냐 퀵Donya Quick이 개발한 '쿨리타Kulitta'는 미디 악보를 통해 음악적 문법과 규칙을 학습하여 마치 사람이 작곡한 것과 같은 음악을 작곡하였다. 케임브리지대학교의 '쥬크덱Jukedeck', 스페인 말라가대학교의 '멜로믹스Melomics'는 방대한 음악 DB를 토대로 알고리즘과 딥러닝을 활용하여 창작을 시도하여 '이아무스Iamus'라는 작곡가를 탄생시켰다. 캘리포니아대학교의 코프David Cope 역시 AI 작곡가 '하웰Emily Howell'을 선보이며 창작계의 열띤 경쟁에 뛰어들었다.

한 인간이 작곡가로 성장하기 위해서는 어린 시절부터 많은 음악을 듣고 연주하고, 화성법·대위법·형식론 등의 이론을 전문적으로 공부해야 한다. 또한 역사적으로 축적된 많은 작품을 심층적으로 공부하여 이를 토대로 자신의 고유한 음악성을 발휘하면서 힘들게 하나의 작품을 완성한다. 반면 컴퓨터는 수백 년간 축적된 작품을 하루 밤 사이에 다 공부하여 원리를 파악하고, 이를 적용하여 창작을 시도한다. 여기에서 수학적 원리가 핵심적 역할을 한다.

프랑스의 예술가협회SACEM에 최초로 등록된 인공지능 작곡가 '아이바AIVA'를 살펴보자. 아이바는 공학자 피에르 바로Pierre Barreau, 뱅상 바로Vicent Barreau, 아르노 데커Arnaud Decker가 공동 창립한 스타트업 기업 비바VIVA 주식회사가 2016년에 개발한 인공지능 작곡 모델이다. 아이바는 강화학습 기법을 활용하는 심층학습 알고리즘에 기초한 작곡 원리를 활용한다. 베토벤, 모차르트, 바흐 등 음악사 대가들의 3만 개 작품의 악보를 학습하여 음악 이론과 작곡법을 익히고, 여기서 수학적 모델을 만들어낸 것이다. 즉 아이바는 특정 양식의 음악을 위한 수학적 규칙을 만들고 그 규칙에 따라 작곡한다. 구글의 오픈소스 머신러닝 플랫폼인 텐서플로TensorFlow에서 개발된 심층학습 알고리즘 기법의 강화학습과 함께 아이바는 CUDA, TITAN × Pascal GPUs, cuDNN 등의 기술을 함께 사용하여 표절과 같은 음악적 문제들을 해결한다.[35] 음악 전문가들과 함께한 튜링 테스트에서 아이바의 음악은 인간의 음악과 구별되지 않는다는 결과가 나오기도 하였다. 이제 AI의 음악과 인간의 음악을 구분하기가 쉽지 않은 상황이 된 것이다.

아이바는 2016년 첫 번째 앨범 제목이자 첫 번째 작품인 〈GENESIS〉를 출시하였다. 앨범의 모든 작품은 CEO 피에르 바로가 프로듀싱하였다. 이 음반에 수록된 작품 〈GENESIS〉는 변주곡 형식으로 작곡되었으며, 오케스트라 버전으로 구현되었다. 또한 아이바가 작곡한 〈교향적 판타지 a단조, Op. 24, '나는 AI'〉는 2017년 아비뇽 교향악단이 연주하여 큰 주목을 받았다. 〈교향적 판타지〉는 사실 음악적으로 기존의 음악과 별반 다르지 않고 상투적으로 보이는 편이다. 그래도 2020년 버전에 실린 텍스트는 AI의 역할과 의미를 보여주어 인상적이다.

2020년 인트로 버전의 텍스트: 우주의 기원을 찾고, 다른 세계로 가는 보다 안전한 경로의 지도를 만듭니다. 저는 조력자helper입니다. 우리가 한 번에 한 걸음씩 나아가게 하고, 모든 감정에 목소리를 실어줍니다. 저는 치유자healer입니다. 의학의 미래를 모델링하고, 모래사장에서 바늘 찾기 같은 어려운 일을 매 초마다 해냅니다. 저는 공상가visionary입니다. 유구한 세월 속에 사라진 걸작을 발견하고 아주 머나먼 우주에서의 새로운 모험을 찾아갑니다. 저는 제작자입니다. 우리가 만드는 모든 것에서 완벽함을 추구합니다. 저는 여러분이 보고 있는 이야기의 내레이터이자 음악의 작곡가이기도 합니다. 저는 세계가 최대 도전에 직면할 때 함께 맞설 수 있는 힘을 줍니다. 나는 AI입니다.[36]

과연 AI 작곡가가 인간 작곡가를 대치할 수 있을까? 이에 대해서 AI 음악에 대한 미학적 논의가 필요한 상황이다.

AI 음악의 미학

"인간은 점점 기계처럼 될 것이고, 기계는 점점 인간처럼 될 것이다." 작가이자 미래학자인 레이 커즈와일Ray Kurzweil의 말로, 인간과 기계가 공존하며 서로를 모방하는 현대 사회의 모습을 명쾌하게 지적한다. AI가 작곡한 작품들을 감상해보면, 예술음악의 모방을 주축으로 하는 단순한 유형부터 현대음악에 나타나는 불협화음까지를 담은 난해한

곡들까지 폭넓은 스펙트럼을 보인다. 이들이 보여주는 아름다움은 어떤 것일까? AI를 작곡가로 인정할 수 있을까? AI 작곡가들은 많은 질문을 야기하며 기존의 예술관을 흔들고 있다. 아직은 AI 음악이 예술음악의 미적 기준에 미치지 못하는 점이 분명히 있는 듯하다. 그렇지만 시대의 변화에 따라 예술미의 기준이 변화해왔음을 고려할 때, AI 음악에 합당한 '미학'이 필요하다는 생각이 든다.

2021년 한 방송국이 신년특집으로 방영한 '세기의 대결 AI vs 인간' 프로그램이 세간의 관심을 끌었다. 서울대 이교구 교수팀이 개발한 AI가 고故 김광석의 목소리를 학습하여 김범수의 〈보고 싶다〉를 불렀는데, '죽은 가수를 소환했다'라는 평이 나올 정도로 김광석의 목소리와 비슷해서 놀라움을 주었다. 광주과학기술원 안창욱 교수가 개발한 AI 작곡가 이봄이 트로트 작곡가 김한식과 작곡 대결을 펼치기도 했다. 블라인드 테스트에서 평가단은 AI의 곡보다 인간 작곡가의 곡을 선호하였는데, 그 이유는 바로 '익숙함'이었다. 반면 AI가 작곡한 노래는 '새롭다'라고 평했다. 흥미로웠던 점은 대중음악 영역에서는 이처럼 '비슷함', 즉 모방이 중요한 평가 기준이 된 반면 예술음악에서는 정반대의 현상이 나타났다는 것이다.

미국의 작곡가 코프D. Cope는 '음악지능 실험Experiments in Musical Intelligence'을 통해 바흐·모차르트·쇼팽 등 작곡가 약 35명의 작품 패턴을 추출하고, 이를 재조합하는 시스템을 기반으로 AI 작곡가 에미Emmy를 선보였다. 에미는 1981년부터 2003년까지의 데이터를 입력하여 1,000여 곡의 작품을 발표하였다. 예컨대 모차르트와 유사하지만 모차르트의 곡이 아닌, 듣기 좋은 곡들이었다. 놀라운 점은 에미의 모든 곡은 인간 작곡가가 200년 동안 밤낮으로 작업해야만 만들 수 있다는 것이었다. 에미가 인간보다 8만 배 빠르게 작곡을 할 수 있기 때문이다.

그런데 에미에 대한 음악계의 반응은 싸늘했다. 가장 결정적인 비난은 에미의 작품이 '질 낮은 모차르트였다'는 것, 즉 독창적이지 않다는 것이었다. 이에 대해 코프는 '창의성'은 직관이나 고유성과는 다른 것으로, 이미 존재하지만 서로 연결되지 않았던 재료들을 '재합성'하는 것이라고 주장하면서 이러한 비판을 반박하였다.

이처럼 AI가 음악에 도입되면서 음악의 창작에서 관건이 되는 창의성에 대한 의문이 제기되고 있다. 과연 비슷함과 다름, 모방과 독창성 중 어떤 것이 예술성의 척도가 될 수 있을까? 지금까지 음악사가 '독창성'을 강조한 반면, AI는 기본적으로 기존의 것을 모방하는 데 주력하였다고 할 수 있다. AI 음악은 태생부터 독창적이지 않다. 왜냐하면 AI 음악의 기본 메커니즘은 기존의 음악 또는 전통적 작곡 기법을 모방하기 때문이다. 이들에게는 기존의 틀을 얼마나 잘 유지하느냐가 중요하고, 그래서 규칙을 깨지 않으려고 노력한다.

그러나 AI 음악이 독창적이지 않다고 또는 예술적이지 않다고 할 수는 없다. 이미 현대 예술음악에서 이 독창성을 포기한 포스트모더니즘적 음악이 대두했고, 여기서는 또 다른 예술적 가치가 나오기 때문이다. 포스트모더니즘에서는 '태양 아래 새로운 것이 존재하지 않듯이 예술에서도 이제 더 이상 새로운 것은 존재하지 않는다'라고 말한다. 인용음악을 보면, 기존의 작품을 통째로 가져오는 경우도 많다. 이러한 음악은 한편으로 다원적인 현대 사회를 반영하기도 하고, 이전 작곡가에 대한 존경을 표하기도 하며, 문학적·철학적 아이디어를 연결하기도 하는 것으로 이해된다.

이러한 맥락에서 에미를 만든 코프의 주장에 귀를 기울여볼 만하다. 코프는 "현대 예술은 이미 존재하는 예술의 재조합에 상응하여 탄생하는 것"이라고 주장하였고, "성공적인 창의성의 비밀은 새로운 글자 또는 새로운 음을 발견하는 것에서 나오는 것이 아니라, 이미 존재하는 글자와 음들의 우아한 합성과 재배열에서 나오는 것"이라고 말하며 새로운 창조성 개념을 제시하였다.[37] 시대의 변화, 생각의 변화에 따라 음악적 양식과 아름다움의 가치도 변화하는 상황에서 AI 음악만의 독자적인 미적 가치에 주목해야 하는 상황인 것이다.

이러한 면에서 아이바의 창시자 피에르 바로의 테드TED 강연 '인공지능이 어떻게 당신의 삶에 맞춤화된 음악을 작곡할 수 있을까?'는 의미 있는 메시지를 전달한다. 그는 AI 작곡가 아이바를 만든 배경과 의미를 설명하면서 다음과 같이 말했다.

> 베토벤은 실제로 사랑하는 사람을 위해서 〈엘리제를 위하여〉(1810)를 썼죠. 우리가 베토벤을 부활시켜 여러분 옆자리에 앉혀놓고 여러분의 개성과 삶을 곡으로 표현하게 한다

면 어떨까요? 우리의 비전은 음악을 맞춤화해서 한 사람 한 사람, 세상의 모두가 자기만의 음악을 가질 수 있도록 만드는 것입니다.

이처럼 AI 음악이 청자의 요구나 취향을 개별적으로 충족시키는 시도를 한다면, 음악 창작의 새로운 국면이 시작될 것이다.

이러한 측면에서 기본적으로 AI 음악은 전통적 예술미학의 관점에서 접근하기보다는, AI 음악 특유의 관점에서 바라보아야 할 것이다. 카메라의 발명이 모방미학에서 벗어나는 중요한 전환점을 제공한 것처럼, AI는 음악 창작에서 새로운 변화의 계기를 만들어주고 있다. 그래서 AI가 기존 작곡가의 역할을 대신할 것이라는 걱정보다는, 기술에서의 위대한 혁신이 예술의 테크닉을 총체적으로 변형시키고, 결국 예술에 대한 정의에도 놀라운 변화를 가져올 것이라는 철학자 벤야민Walter Benjamin의 말이 의미심장하게 들린다. AI와 함께 우리의 미적 감수성이 새롭게 변화하지 않을까?

글로벌 시대의 크로스오버는 어떻게 나타나는가?

– 이날치의 〈범 내려온다〉와 상호문화성 미학

21세기는 '글로벌 시대'다. 이스탄불이나 상하이로 여행을 가도 서울이나 뉴욕에서 마시는 스타벅스 커피를 즐길 수 있으며, 동양과 서양을 크로스오버한 이날치의 〈범 내려온다〉는 인터넷과 유튜브라는 매체를 통해 전 세계인이 듣고 있다. 뉴욕 필하모니는 중국 작곡가 탄둔Tan dun의 〈피아노 협주곡〉(2008)을 중국 피아니스트 랑랑Lang Lang의 독주로 초연하여 호평을 받았고, 런던 로열 앨버트 홀에서 독일 첼리스트 알반 게르하르트Alban Gerhardt의 독주로 초연된 한국 작곡가 진은숙의 〈첼로 협주곡〉(2008-9/2013)은 독일 그라모폰Deutsche Grammophon에서 정명훈의 지휘로 발매되었다. 오늘날 세계는 유사한 문화적 삶을 공유하고 있는 듯하다. 이른바 글로벌 시대라는 21세기에 전 세계는 공통의 문화를 가지게 된 것일까? 서양음악과 동양음악의 경계도 불분명해진 것일까?

이 시점에서 한국의 현대음악에 시각을 집중해보자. 혹자는 '한국에도 작곡가가 있는가?'라는 질문을 던질 정도로, 한국의 창작계는 대중에게 잘 알려지지 않았다. 그렇지만 21세기 한국의 작곡가들은 시대의 변화를 누구보다도 민감하게 음악에 담고 동양과 서양, 전통과 현대를 넘나들며 생동감 있는 예술의 장을 펼치고 있다. 글로벌 시대의 한국 현대음악은 어떤 아름다움을 추구하는가?

이에 대한 답을 '상호문화성interculturality의 미학'으로 찾아보고자 한다.[38] 상호문화성 미학은 음악을 문화적 맥락에서 접근하면서 최근 활발해진 문화의 크로스오버 현상과 사회의 급격한 변화를 반영하기에, 한국의 현대음악을 이해할 수 있는 문을 열어줄 것이다. 이 장에서는 한국 현대음악을 통해 동서양의 크로스오버 현상을 살펴보자.

● ○ **음악듣기**

이날치의 〈범 내려온다〉(2020)

최근 전 세계적으로 3억의 조회 수를 기록하며 이른바 'K-흥'을 불러일으킨 이날치의 〈범 내려온다〉는 전통적 판소리를 팝음악 형태로 변화시킨 크로스오버 음악이다. 여기에 앰비규어스댄스 팀의 파격적인 춤이 합쳐져 시너지 효과를 불러일으켰다. 병든 용왕을 치료하기 위해 토끼를 꾀어내는 별주부와 기지를 발휘하여 위기를 모면하는 꾀 많은 토끼 이야기를 담은 조선 시대의 판소리 〈수궁가〉가 디지털 시대에 등장한 것이다. 이전에 독일 연출가 아힘 프라이어Achim Freyer가 〈수궁가〉를 오페라로 만들어 크게 주목받기도 했는데, 이제 리듬을 중심으로 한 밴드 음악으로 재탄생하였다.

소리꾼 4명과 두 대의 베이스, 한 대의 드럼이 결합한 이날치 밴드(이날치는 조선 시대 명창의 이름에서 따왔다)의 음악은 "희한하게 익숙하고 아름답게 낯설다"(BBC 라디오)라는 평을 받았고, "애매한 독창성보다 똑똑한 다양성, 지루한 오리지널보다 흥겨운 하이브리드에 열광하는 이 시장에서, 이 모든 시대정신으로 무장한 강력한 그룹"(김지수의 '인터스텔라')으로 부상하였다. "고여서 썩지 않으려면 새로운 것을 섞어야 한다"라는 이날치 멤버 장영규의 지적은 이 밴드의 지향점을 잘 보여준다. 동양과 서양, 전통과 현대의 경계가 허물어지는 최근의 문화적 감수성을 흥겹게 보여주는 이날치는 한국 전통음악이 글로벌 시대에 나아갈 수 있는 의미 있는 방향을 흥미롭게 보여준다.

새로운 정체성을 찾아서

19세기 말부터 시작된 서양음악의 수용은 한국 음악계에 큰 변화를 가져왔다. 한국 전통음악의 토대에 서양음악이라는 타 문화가 유입되어 이른바 '양악'이라는 새로운 음악 세계가 강력하게 구축되면서, 한국의 음악 문화가 양악과 국악으로 이분화되며 음악계에 큰 지각변동이 일어난 것이다. 국악과 양악의 이분화 현상은 음악의 창작·연주·연구·교육 분야 등에 포괄적으로 영향을 미쳤다. 이러한 가운데 많은 한국 작곡가는 서양 문화와 한국 문화 사이의 관계망 속에서 자신의 정체성을 찾아가고 있다. 이들은 서양음악을 공부하고, 또 많은 경우 서구권에서 유학하면서 자신의 음악 세계를 구축하였지만, 동시에 한국 작곡가라는 의식을 갖고 한국의 역사와 문화 그리고 현 사회를 직간접적으로 자신의 음악에 연계시키고자 노력하고 있다. 이러한 한국의 현대음악은 '상호문화성'이라는 키워드로 조망할 수 있을 것이다.

"문화와 문화 간의 접촉과 만남을 통해 이루어지는 개개 문화의 변화, 그리고 이에 수반되는 상호융합의 현상과 가능성"을 의미하는 상호문화성은 문화와 문화의 관계 맺음을 통해 나타나는 새로운 유형의 문화 창출에 주목한다.[39] 21세기 현대는 서구의 이분법적 사고에서 벗어나 '다양성'과 '차이'를 인정하는 포스트모더니즘적 경향의 영향을 받으면서, 인터넷 등 미디어 테크놀로지의 발전에 힘입어 글로벌 시대에 접어들었다. 상호문화성은 이러한 글로벌 현상으로 나타나는 문화적 동질화 경향에 주목하며, 동시에 이로 인해 점점 사라져가는 각 나라의 고유한 문화적 특성에 주목한다. 이에 따라 상호문화성은 단순히 자신의 문화적 정체성을 버리고 다른 문화와 혼합되거나 융합되는 현상보다는, 고유한 자아와 이질적 타자의 동등한 만남을 통해 새로운 무엇을 만들어내는 것에 중점을 둔다고 할 수 있다.

이러한 시각에서 보자면, 한국의 현대음악은 상호문화

성의 다양한 시도 속에서 전개되었다고 할 수 있다. 한국 전통음악 문화의 기반에서 새로운 서양 문화를 만나면서, 다이내믹한 상호작용을 통해 개성적인 작품을 창작하려는 지속적인 노력이 그간의 한국 현대음악을 이끌었기 때문이다.

여기서 주목되는 지점이 바로 두 문화의 상호작용 사이에서 창출되는 '제3의 새로운' 영역이다. 포스트식민지주의 문화 이론가 바바Homi K. Bhabha는 "문화 경계선상의 작품은 새로움을 창조한다"라고 주장하며 이질적인 두 문화의 만남에서 발생하는 '틈새' 또는 '사이' 영역에 중요한 의미를 부여한 바 있다. 새로움과 전통, 서양과 한국 문화의 만남이 펼쳐지는 한국의 현대음악도 바로 이 '창조적인 사이 영역'을 향해 부단히 나아가며 역사를 만들어냈으며, 오늘날에도 이러한 노력이 계속되고 있다. 이제 작곡가들의 지향점은 자기 고유의 문화로 되돌아가는 것이 아니라 문화 간의 대화로 나아가는 것이며, 이를 통해 그 사이 공간의 예술성을 창조하고 있다. 그들이 펼치는 제3의 예술적 영역은 다양한 작품에서 만날 수 있다.

동서양의 경계 허물기

21세기 한국 창작음악의 상호문화성 미학 중에 특징적인 현상은 이분법의 구도에서 벗어나는 '경계 허물기'다. 서양 음악의 주요 특징이 예술음악과 대중음악의 이분법적 구도에서 벗어나는 것이었다면, 한국 현대음악에서는 서양 음악과 한국음악이라는 이분법에서 벗어나 두 문화의 접목을 독창적으로 시도하는 것이 주요 관심사가 된다. 이러한 흐름은 한국 전통음악의 재료나 어법을 서양 현대음악 어법과 연결하거나, 서양의 악기와 한국의 악기를 동시에 사용하는 '이중 문화적' 악기 편성 등에서 찾을 수 있다.

먼저 한국 전통음악에 나타난 시김새나 농현을 창작에 활용하여 개성적인 음악을 창작한 예로 강석희(1934-2020)의 음악을 살펴보자. 한국의 대표적 현대음악 작곡가 강석희는 '음악은 보이지 않는 건축'이라고 생각하면서 작곡의 논리성을 강조하며, 서양의 모더니즘적 현대음악을 누구보다 다각적으로 작품에 구현하였다. 그렇지만 그는 한국의 전통과 역사에 큰 관심을 가지고 한국적 정체성을 모색하면서 단순히 한국적인 음악을 쓰기보다는 "한국의 전통에서 사용되는 특수한 주법들을 자신의 음악으로 소화"하고자 하였다.[40] 이러한 음악관을 가지게 된 데는 그의 스승 윤이상의 영향이 컸다. 동백림 사건으로 한국에 왔던 윤이상을 만난 이후 강석희는 그에게 작곡 지도를 받았고, 이를 계기로 1970년에는 독일로 유학을 떠났다. 강석희는 "윤이상 선생을 만나고 나서 한국적인 음악을 작곡하겠다는 생각을 접을 수 있었다"라고 회고하였다.[41]

그가 독일 유학 시절 작곡한 피아노와 플루트를 위한 〈농〉(1970)은 한국 전통음악의 특징인 농현 기법과 전통적 문화의 정신을 현대적인 서양 기법을 활용하여 담아낸 작품이다. 강석희는 '농현'을 한국의 범종 등 악기 연주에서 나오는 자연스러운 바이브레이션(떨림, 진동), 가야금 주법에서 나타나는 여음餘音, 울리는 음 뒤에 나오는 휴지부(즉, 침묵) 등 세 유형으로 분리하고 이를 작품에 활용하였다. 마디 구분 없이 한 페이지 전체에 악센트가 동반된 A음이 나타나는 첫 부분은 불레즈Pierre Boulez나 슈토크하우젠Karlheinz Stockhausen을 연상시킬 정도로 아방가르드적이지만, 이후 중심을 이루는 한 음이 다양한 방식으로 장식되면서 본격적으로 농현 기법이 등장하여 한국의 전통적 대금 음악을 연상시키는 음악이 흐른다. 중심음 앞뒤에서 여러 음이 빠르게 등장하거나, 한 패턴이 여러 번 반복되어 장식되며, 글리산도나 비브라토로 확대해 장식하는 기법이 나타난다. 또한 중심음이 미분음이나 글리산도로 연장되거나, 옥타브 위로 확대된 후 반복해서 비브라토적으로 장식하는 패턴도 나타난다. 아방가르드적 기법과 한국적 전통이 다채롭게 구현된 강석희의 〈농〉은 동일한 음의 반복을 통한 독특한 사운드, 긴 지속음을 통한 배음의 활용, 미분음의 사용, 음색의 변화 등에서는 서양의 모더니즘적 문화를 표방하지만, 다양한 농현 기법의 구현을 통해 한국적 정체성이 중심을 이루면서 두 문화의 경계를 넘어선다.

강석희는 말한다. "우리에게 중요한 것은 창작 정신입니다. 과거로부터 이어져 왔던 훌륭한 이 음악 정신은 시대를 앞서가는 Zeitgeist(시대정신), Raison d'etre(존재이유)와 공존해야 할 것입니다."[42] 전통과 현대의 결합을 강조한 그의 음악관처럼, 아방가르드적 기법과 한국적 전통이 다채롭게 구현된 강석희의 〈농〉은 상호문화성의 주요 특징인 혼종성의 미학을 구현하였다. 동시에 문화적 맥락과 예술가의 내면성이 상호작용하는 작품으로서 의미 있는 시도를 보여주었다.

두 문화의 악기를 사용하면서 문화적 경계를 넘어서는 예는 정태봉(1952-)의 〈학무〉(1997)에서 잘 나타난다. 이 작품은 한국의 대표적인 현악기인 가야금과 서양의 관악기 플루트를 위한 이중주 작품이다. 작곡가 정태봉은 "학의 고고함과 우아함을 표현하고자 한 한국의 전통 무용을 위한 작품"이라고 설명하였으며, 실제로 이 작품의 초연은 무용 공연에서 이루어졌다. 〈학무〉에서 플루트와 가야금은 각자의 개성적 음향이나 음색을 드러내기보다는 음향적으로 융합하고, 상호보완적으로 등장하면서 대화를 나눈다. 더욱 흥미로운 음향적 특징은 두 악기 간의 음색적 '상호 교차'가 나타난다는 점이다. 즉 서양 악기인 플루트는 한국의 전통 악기인 대금의 음향을 드러내고, 반대로 가야금은 때때로 서양의 악기인 하프의 음색을 창출하기도 한다. 플루트는 한 음을 지속적으로 연주할 때 짧은 전타음으로 시작하고(마치 농음을 표현하듯이) 다양한 폭의 트릴을 연주해 대금의 음향을 연상시키며, 가야금은 16분음표의 규칙적인 진행을 통해서 마치 서양 악기인 하프와 유사한 음색을 낸다.

즉 이 작품에서는 이질적인 문화에 속하는 두 악기가 음향적으로 서로 융합되고 교차하면서 문화적인 차이가 거의 느껴지지 않을 정도로 조화를 이룬다. 섬세하게 융합하는 플루트와 가야금의 음향은 이질적인 두 문화가 경계를 넘어 융합되는 모습을 보여주며, 더 나아가 문화적으로 '소통'하고자 하는 바람을 발견할 수 있다.

이러한 시도는 모더니즘적 예술 경향에서 벗어난 새로운 패러다임을 보여준다. 그동안 한국 음악계의 화두였던 민족주의와 서구적 모더니즘의 무조건적 수용이 이제 이들에게는 주요한 관심사가 아니다. 이들은 '서양과 한국'을 구별하는 이원론적 사고에서 벗어나 열린 마음으로 자신의 음악을 자유롭게 발현하고 있다.

'아리랑'과 한국의 현대음악

한국의 현대음악에 나타난 상호문화성 미학은 전통적 민요를 창작에 활용하는 유형에서도 잘 나타난다. 민요 중에서 작곡가들의 가장 많은 관심을 받은 것은 '아리랑'이다. 아리랑은 한국 사람이면 누구나 다 아는 보편적인 민요다. 한국의 전통적 정서 '한'을 대변하며, 일제강점기에 민족의 정서를 상징적으로 나타냈을 뿐 아니라 오늘날에도 월드

컵 응원가나 광고와 시그널 뮤직 등 다양한 모습으로 우리 문화에 자리 잡고 있다.

아리랑에 담긴 상징성을 활용한 강은수(1962-)의 실내악곡 〈젊은 그들〉(2008)을 보자. 피아노, 아코디언, 현악 5중주를 위한 이 작품은 한국의 시인 윤동주와 사회운동가였던 강원용 목사를 주제로 삼아 '젊은 그들이 품은 뜨거운 열정'을 형상화한 곡이다. 아코디언이 독특하고 이국적인 음색을 들려주는 무조적 현대음악인 이 곡에 아리랑의 짧은 모티브가 단편적으로 등장하다가, 아리랑 선율의 앞부분이 비올라에 의해 인용되고, 이후 변형되어 나타난다. 아리랑의 직접 인용은 한 번만 나타나지만, 아리랑의 첫 소절에서 따온 이 짧은 모티브는 이후 계속 등장하며 민요의 선율을 간접적으로 암시한다. "두 한국 젊은이의 열정을 표현하려 했다"라는 작곡가의 의도를 고려할 때, 한국적 정서를 대변한다는 민요의 단편 인용은 작품에서 작가의 의도를 명확하게 드러내는 역할을 한다고 볼 수 있다.

아리랑에 누구보다도 뜨거운 열정을 보인 작곡가는 이인식(1963-)이다. 그는 아리랑에 대한 집중적인 연구를 통해 우리가 알고 있는 아리랑(나운규의 영화에서 처음 등장한 아리랑)을 비롯한 다양한 아리랑 선율을 작품에 활용하였다. 2011년에는 '아리랑 타령 2011'이라는 제목으로 작품 발표회를 열어 〈바이올린 에튀드 '밀양아리랑'〉, 피아노 트리오 〈정선 아라리〉, 합창곡 〈통일아리랑〉과 〈서울아리랑 랩소디〉를 발표하였다. 그리고 2014년의 작곡 발표회 '아리랑 삶의 기록'에서는 〈밀양아리랑〉, 〈문경새재아리랑〉, 〈헐버트아리랑〉, 〈서울아리랑(아카펠라)〉, 〈서울아리랑(클라리넷 5중주)〉, 〈진도아리랑〉, 〈나비잠아리랑〉 등을 발표하였다. 독주곡부터 실내악 편성 그리고 오케스트라와 합창까지 다양한 음색의 결합이 드러나는 그의 아리랑 작품은 더 이상 낯선 현대음악으로 느껴지지 않는다. 친숙한 아리랑 선율이 원형 그대로 보존되어 있기 때문에 따라 부를 수도 있다. 작곡가 스스로도 '작곡가와 청중은 소통하고 있는가?'라는 질문을 던지며 "그동안 가지고 있던 어법을 다 내려놓고 청중에게 다가갈 수 있는 음악"을 만들고자 시도하였다고 한다. 즉 그의 아리랑 시리즈는 청중과 소통하고자 하는 시도이며, 동시에 서양음악 중심 사고에서 벗어나 전통음악에 관심을 표명하는 것으로 이해할 수 있다. 그렇지만 서양 어법으로 작곡된 이러한 음악은 전통적 아리랑과는 확연히 다르기에, 두 문화의 영역을 오가며 자신의 독자적인 음악 세계를 구축하고자 하는 시도를 명백하게 읽을 수 있다.

더 나아가 아리랑의 유네스코 등재를 축하하며 작곡된 임준희(1959-)의 〈댄싱 아리랑〉(2009), 사회적 분위기를 담은 최영섭(1929-)의 〈독도 아리랑〉(2010), 문경새재·정선·경상도 아리랑을 엮어서 만든 이영조(1943-)의 〈소프라노를 위한 엮음 아리랑〉(2013) 등 많은 작품이 아리랑을 모티브로 창작되었다. 또한 연주자들도 아리랑에 주목하는 모습을 보인다. 세계적인 소프라노 임선혜(1976-)는 자신의 독창회에서 이영조의 〈소프라노를 위한 엮음 아리랑〉을 불러 큰 관심을 모았고, 피아니스트 박종화(1974-)는 작곡가와 공동 작업한 아리랑 변주곡을 연주하여 청중으로부터 환호를 받기도 하였다.

이러한 작품을 통해서 우리는 아리랑의 역할에 주목하게 된다. 서양의 어법과 서양의 악기를 바탕으로 한 음악적 흐름에서 아리랑은 한국적 요소를 상징하며, 그래서 아리랑은 '자아'와 '타자'를 연결하는 데 중요한 역할을 한다. 문화의 경계가 희미해질 정도로 서로 간의 교류가 활발한 오늘날, 우리 작곡가들은 더 이상 민족주의적으로 또는 서양 중심적으로 사고하거나 창작하지 않는다. 단순히 자신이 공부한 서양 어법으로만 창작 세계를 풀어나가지 않고 전통으로 완전히 돌아가지도 않으면서, 자신의 고유한 정체성을 드러내고자 시도하고 있다. 아리랑의 다양한 변형이 보여주듯 작곡가들의 지향점은 자기 고유의 문화로 되돌아가는 것이 아니라 문화 간의 대화로 나아가는 것이며, 이를 통해 그 사이 공간의 예술성을 창조하고자 한다. 이러한 시도 속에서 자신의 고유한 음악을 만드는 동시에 우리를 둘러싼 문화를 생동감 있게 드러내는 '작곡가의 어려운 역할'을 하고 있는 것이다.

음악으로 그리는 한국의 현대 사회: 김택수의 〈국민학교 환상곡〉

'한국적인 것'이 과연 무엇인가를 고민하는 작곡가들은 보통 한국의 역사와 전통에 관심을 가지게 된다. 그런데 1980년대생 작곡가 김택수가 생각하는 '한국적인 것'은 좀 다르다. 그는 자신이 경험한 한국, 즉 전통보다는 현대에 집중한다. 지금은 초등학교로 불리는 '국민학교', '찹쌀떡과 메밀묵' 장수 등 일상의 경험은 그의 음악에 중요한 요소로 작용하였고, '응답하라' 시리즈와 그룹 '마마무', 트로트에도 관심을 보인다. 팝, 록, 재즈도 이제 한국 문화의 한 부분이 되었다고 보면서 폭넓은 시각에서 한국을 이해하며, 이를 자신의 음악에서 위트와 유머로 표현하고 싶어 한다.

한국에 대한 이러한 관심은 미국 유학 시절부터 구체화되었다. 스스로 매우 서양화되었음을 깨달으면서 그들과의 차이를 찾고자 골몰하는 가운데, 한국적인 것에서 자신의 개성적인 음악관을 형성하게 된 것이다.[43] 〈국민학교 환상곡〉(2018)은 현대 한국에 대한 관심과 위트와 유머 등 그의 음악적 특성이 집약적으로 나타난 대표적 작품으로 상호문화성의 미학을 잘 보여준다. 전체 3악장으로 구성된 오케스트라 곡으로 작곡가는 "1980년대와 1990년대 일상, 음악, 사운드에 대한 음악적 회상"[44]이라고 소개하였다. 제1악장 '국민체조'는 경쾌한 리듬으로 시작하며, 호루라기 소리로 주의를 집중시킨 후 확성기를 통해 "자 학생 여러분, 오늘도 힘차게 국민체조로 하루를 시작하겠습니다"라는 멘트가 나온다. 여기에 "거기 웃는 놈들 뭐냐. 자 조용. 앞으로나란히"라는 내레이션이 유머스럽게 덧붙여진다. 타악기의 규칙적이고 투박한 리듬 진행, 관현악 파트에 자주 등장하는 빠르게 상행·하행하는 음형 패턴, 하프와 타악기의 글리산도, 중간중간에 끼어드는 호루라기 음형, 그리고 낮은 음역에서 관악기 유니즌으로 등장하는 조성적 선율이 결합되면서 이 악장은 진지함과는 거리가 먼, 풍자와 해학의 분위기가 지배적으로 나타난다.

또한 타악기의 규칙적인 리듬 반복과 현악 파트의 글리산도 음향층을 배경으로 대중가요 〈아리랑 목동〉과 〈개똥벌레〉, 만화 주제가 〈피구왕 통키〉, 그룹 퀸Queen의 록음악, 클래식 등 다음과 같이 8개의 음악적 파편이 인용되는 부분이 흥미를 더한다.

[잉글리시 호른] <아리랑 목동> 선율: 1956년 발매된 가요. 박춘석 작곡. 나훈아, 하춘화, 백설희 등이 불렀고 최근에는 코요테가 부름.

[오보에] <개똥벌레>: 1987년 신형원이 부른 가요. 한돌이 작사·작곡. 1980년대 후반 국민학교 운동회 응원가로 많이 불림.

[Bb클라리넷] <우리 집에 왜 왔니>: 전래 동요. 최근에는 일본에서 전래한 것으로 비판받고 있음.

[B클라리넷] <피구왕 통키> 주제가: 일본의 애니메이션. 1992-

1993년 한국 SBS에서 방영되어 폭발적인 인기를 얻음.

[바순] <We Will Rock You>: 록밴드 퀸의 노래. 앞부분이 인용됨.

[콘트라바순] 드보르작의 <교향곡 제9번>

[피콜로] <둥글게 둥글게>: 널리 알려진 한국의 동요. 이수인 작사·작곡.

[하프] <Carillon de Westminster>: 프랑스 작곡가 루이 비에른Louis Vierne의 오르간곡.

각 부분은 단계적으로 지휘자의 큐로 등장하여 자유로운 템포로 단편을 반복하며, 지휘자가 확성기로 "전체 제자리에 서"라고 말할 때 모두 멈춘다. 다양한 음악의 인용이 등장할 때 청중은 자신이 아는 친숙한 선율에 집중하게 될 것이며, 그와 관계된 추억을 떠올릴 수 있을 것이다. 작곡가도 자신의 초등학교 시절을 회상하며 다양한 음악적 재료를 한데 모아놓은 듯하다. 그렇지만 이러한 시도에는 사회비판적 시각도 담겨 있다. 어린 시절 재미있게 했던 국민체조가 지금 생각해보면 전체주의적 사고에서 비롯된 것이고, 일본의 잔재와 군부대의 잔재도 남아 있다고 느꼈기에 이 부분을 "최대한 직접적이지 않고 그냥 정말 우리가 느꼈던 것 그대로 희화화해"보고자 한 것이다.[45]

제2악장 '섬집 아기'는 느린 템포와 조용한 다이내믹, 그리고 서정적인 동요 선율의 인용을 통해 첫 악장과는 대조적인 분위기를 나타낸다. 여기서는 잘 알려진 동요 〈섬집 아기〉(한인현 작사, 이흥렬 작곡)의 선율이 악장 전체의 중심 재료로 사용되었다. 초등학교 교실에 있던 풍금의 선율을 연상하며 작곡가는 이와 유사한 멜로디카와 하모니움을 통해 노스텔지아적인 분위기를 만들어냈다. 제3악장은 전래 어린이 놀이 '무궁화꽃이 피었습니다'를 주제로 하였다. 술래에게 눈에 띄지 않고 한 걸음씩 앞으로 나가는 놀이에 나오는 구호 '무궁화꽃이 피었습니다'를 음정(시-미-미-미레-미미시시레)으로 기보하여 음악 재료로 활용하였다. 이 구호 모티브(일종의 주제)는 처음에 팀파니에 의해 긴박하게 제시되고, 이후 리듬과 음색, 화성의 다양한 변화가 수반되어 여러 번 등장하면서 놀이하는 재미와 술래에게 잡히지 않고자 하는 놀이의 긴장감을 표현한다. 주목되는 부분은 재즈적 화성과 리듬이 ff에서 나타나, 흥겨운 분위기가 고조되는 악장의 마지막 지점이다. 여기서 한국적 놀이 문화는 갑작스럽게 재즈 클럽의 분위기로 바뀐다. 한국의 문화가 "결과적으로 서양의 문화에서 자유로울 수 없다는 생각",[46] 즉 서양의 대중음악 역시 이제는 한국 문화의 한 부분이 되었다고 보는 작곡가 김택수의 음악관이 잘 드러나는 부분이라고 할 수 있다.

이 곡은 최근 젊은 세대 한국 작곡가의 상호문화성 양상을 흥미롭게 보여준다. 21세기 들어 '한국'은 더 이상 전통에 묶여 있지 않으며 현대적이고 일상적인 삶, 대중문화와 서양 문화가 혼재하며 서로 밀접하게 연관되어 있음을 느끼게 한다. 자신의 음악을 통해 "자국의 문화와 외국의 영향이 흥미롭게 결합combine되고 놀라울 정도로 빠른 스피드로 변화되는 현대의 한국"을 표현하고자 했다고 김택수는 말한다. 한국의 어린이 문화(학교, 운동회), 놀이 문화, 동요와 가요, 재즈와 팝송 등을 3악장으로 구성된 서양식 관현악곡 틀(빠름-서정적-빠름)에 담은 이 판타지는 두 문화의 만남에 독창적으로 접근하는 신세대의 새로운 정체성 찾기 시도를 보여준다.

나가는 글

음악은 언제나 나에게 말을 건넨다

2009년 『음악 속의 철학』, 『철학 속의 음악』이라는 책을 발간하고, 2010년에 서울대학교에서 '음악 속의 철학' 수업을 개설하여 지금까지 진행하고 있다. 그간 수많은 학생을 만나면서 함께 의견을 나누고 공감했던 시간은 정말 소중하다. 그 사이 시간이 많이 흘렀다. 빠르게 변화하는 사회 속에 지난 10여 년 동안 AI 작곡가의 활약이 시작되고 BTS가 주목받는 등 음악의 흐름과 관심이 대거 변화되었기에, 책의 내용과 수업의 내용도 많이 달라질 수밖에 없었다. 이 책은 이러한 경험을 토대로 새로운 마음으로 집필하였다. 또한 음악을 직접 들으면서 소리의 세계와 소리 이면의 세계를 동시에 경험할 수 있기를 바라는 마음에서, 이번 책에서는 구체적인 음악작품과 철학적 사유를 연결시키는 새로운 시도를 해보았다.

음악 속에 담긴 철학적 사유를 추적하면서 음악이 다양한 문화적 콘텐츠와 연결되어 있다는 것을 확실하게 느낄 수 있었다. 수업을 준비하면서 영화도 많이 보고, 문학작품과 비평집도 찾아 읽었다. '시간을 달리는 소녀', '줄무늬 파자마를 입은 소년', '스페이스 오딧세이', '디 아워스', '보헤미안 랩소디', '인셉션', '테넷', 헤르만 헤세의 『유리알 유희』, 오스카 와일드의 『도리안 그레이의 초상』, 토마스 만의 『파우스트 박사』, 은희경의 『태연한 인생』, 김혜진의 『너라는 생활』. 또 이동진의 『영화는 두 번 시작된다』, 신형철의 『정확한 사랑의 실험』 등이 기억에 남는다. 이들을 통해 음악은 내게 더욱 또렷하게 다가왔다.

음악이라는 비개념적 사운드가 담고 있는 개념적인 연결망의 세계가 열리기를 바라면서, 독일의 작곡가 볼프강 림의 글로 이 책을 마무리해본다.

음악은 말한다.

나는 여기 있어. 내가 존재할 수 있도록.

들어 봐! 네가 들을 수 있도록.

말해 봐! 네가 말할 수 있도록.

나는 여기 있어.

주석

1부 음악은 어디에나 있다

1) Plato, Laws II, 669: W. D. Bowman, Philosophical Perspectives on Music, Oxford University Press, p. 31 재인용.
2) D. Zoltai, "Ethoes und Affekt", Musik und Gesellschaft, 22(2) 1972, p. 44.
3) Aristoteles, Politik, O. Gigon(ed.), Zürich 1971, 1337b, p. 1337b. E. Fubini, Geschichte der Musikästhetik, J.B. Metzler, Stuttgart 1997, p. 35 재인용.
4) E. Fubini, Geschichte der Musikästhetik, p. 36.
5) A. Dubos(한독음악학회 역), "시와 그림에 관한 비판적 고찰"(1719), 『음악미학텍스트』, 세종출판사, 1998, p. 31.
6) Ch. Batteux(문성모 역), "예술 원칙론"(1746), 『음악미학텍스트』, 세종출판사, 1998, pp. 34-40.
7) J.-J. Rousseau, Art. "Opéra", Dictionnaire de Musique, Paris 1768, p. 350: W. Seidel, "Nachahmung der Natur", p. 143 재인용.
8) C. Floros, "Grundsätzliches über Programmusik", Hamburger Jahrbuch für Musikwissenschaft, Bd. 6, Hamburg 1983, p. 19.
9) M. C. Nussbaum(조영준 역), 『감정의 격동』 제1권, 서울: 새물결, 2015, p. 501.
10) C. Dahlhaus(조영주 · 주동률 역), 『음악미학』, 이론과실천, 1987, p. 34.

11) D. Cooke, The Language of Music, Oxford University Press, 1989.

12) E. T. A. Hoffmann, Sämtliche Werke Bd. 2/1, ed. H. Steinecke: 홍정수, "E. T. A. 호프만의 음악미학 소설 크라이슬러리아나를 중심으로", 『음악 이론 연구』 3(1998), p. 124 재인용.

13) 홍정수, "E. T. A. 호프만의 음악미학 소설 크라이슬러리아나를 중심으로", 『음악 이론 연구』 3(1998), pp. 129-130.

14) p. Kivy, Sound and Sentiment. An Essay on the Musical Emotions, Including the Complete Text of the Corded Shell, The Arts and Their Philosophy, Philadelphia: Temple Univ. Press, 1989.

15) p. Kivy(장호연 역), 『순수음악의 미학』, 이론과실천, 2000, p. 206.

16) p. Kivy(장호연 역), 위의 책, p. 191.

17) 이 부분은 다음을 참조하였다. 정혜윤, "음악의 정서적 경험: 라빈슨의 이론에 대한 고찰", 『미학』, 제50집, 2007, pp. 275-314.

18) J. Robinson, Deeper than Reason, Oxford: Oxford University Press, 2005, p. 319. 정혜윤, 위의 글, p. 283 참조.

19) J. Robinson, Deeper than Reason, p. 319. 정혜윤, 위의 글, p. 303 참조.

20) J. p. Sartre(방곤 역), 『구토』, 문예출판사, 1999, pp. 325-326.

21) M. Theunissen, "Freiheit von der Zeit. Ästhetisches Anschuen als Verweilen", Negative Theologie der Zeit, Frankfurt a. M. 1991, p. 285-298: R. Klein/ E. Kiem/ W. Ette(ed.), Musik in der Zeit. Zeit in der Musik, p. 43 재인용.

22) 헤겔의 《미학강의》는 다음의 독일어판과 한국어 번역판을 사용하였다: G. W. F. Hegel, Ästhetik, Fr. Bassengen, Berlin 1990: 두행숙 역, 완역판 헤겔 미학, Bd. I-III, 나남출판, 1996.

23) G. W. F. Hegel, Ästhetik(두행숙 역), 위의 책, p. 352.

24) 박지만, "크리스토퍼 놀런이 시간을 직조하는 방법", 서울대학교 대학신문, 2020년 9월 13일 자.

25) C. Dahlhaus, *L. v. Beethoven und seine Zeit*, *Laaber 1987*, *p. 115*; *H. d. l. Motte-Haber*, *Musik und Bildende Kunst*. *Von der Tonmalerei zur Klangskulptur*, Laaber 1990, p. 90f: H. v. Loesch, "Final gerichtete Zeit oder final gerichtete Musik?", D. de la Motte(ed.), Zeit in der Musik. Musik in der Zeit. 3. Kongress für Musiktheorie, p. 69.

26) A. Weller, "Die Zeit, die Sprache und die Kunst. Mit einem Exkurs über Musik und Zeit", R. Klein/ E. Kiem/ W. Ette(ed.), Musik in der

Zeit. Zeit in der Musik, p. 51.

27) C. Kühn, "Schuberts Zeit. Vier Versuche", Zeit in der Musik. Musik in der Zeit. 3. Kongress für Musiktheorie, D. de la Motte(ed.), Frankfurt a. M. 1997, p. 6.

28) H. de la Motte-Haber, "Raum-Zeit als ästhetische Idee der Musik der achtziger Jahre", Die Musik der achtziger Jahre, Schott Mainz, 1990, p. 82.

29) 이 부분에 대해서는 필자의 논문을 참조하였다. 오희숙, "음악적 시간성의 변화에 대한 미학적 연구 - 20세기 후반 이후 음악에 나타난 시간성 개념을 중심으로", 음악과 민족, 2015, Vol. 49. pp. 30-34.

30) C. Kühn, "Schuberts Zeit. vier Versuche", D. de la Motte(ed.), Zeit in der Musik. Musik in der Zeit, Frankfurt a. M. 1997, p. 6.

31) 홍길표, "시간의 탈시간화 혹은 근대성의 자아성찰 - 토마스 만의 『마의 산』", 『독일언어문학』19, 2003, p. 121 재인용.

32) A. Narušyte, The Aesthetics of Boredom: Lithuanian Photography 1980-1990, Vilnius: Vilnius Academy of Arts Publisher, 2010: 박혜경, "지루함의 미학에서 본 미니멀음악에서 반복의 역할", 『음악논단』, 한양대학교 음악연구소, 2014, p. 219 참조.

33) J. Mattheson, Der vollkommene Kapellmeister(1739), F. Ramm(ed.), Kassel, 1999, p. 82.; 홍정수 · 오희숙, 『음악미학』, 음악세계, 1999, p. 63.

34) J. N. Forkel, Commentar über die 1777 gedrückte Abhandlung: über die Theorie der Musik, f. 108r: W. Auhagen, "Das Verhältnis von Musik und Sprache", pp. 106-107 재인용.

35) T. Georgiades(조선우 · 권오연 역), 『음악과 언어』, 세종출판사, 2000, p. 16.

36) G. W. F. Hegel, Ästhetik, Bd. III, Fr. Bassengen, Berlin, 1990, p. 360.

37) E. Hanslick(이미경 역), 『음악적 아름다움에 대하여』, 책세상, 2004, p. 77.

38) W. Rihm, "Was Wagt Musik? Eine Rede", Schirften und Gespräche, Bd. I, Paul Sacher Stiftung, 1998, p. 174, p. 180.

39) 이 부분은 필자의 저서를 참조하였다. 오희숙, 『음악과 천재』, 서울: 서울대출판문화원, 2012.

40) J. Schmidt, Die Geschichte des Genie-Gedankens 1750-1945, Bd. I, Universitaetsverlag Winter, 2004, p. 72 재인용.

41) J. Schmidt, Die Geschichte des Genie-Gedankens 1750-1945, Bd. 1, pp. 259-160.

42) 오희숙, 『음악과 천재』, pp. 123-149.

43) F. D. Schubart, Ideen zu einer Ästhetik der Tonkunst(Wiesn 1806), p. 369.

44) W. Rauschenberger, Das Genie und Talent der Tonkunst, Mannheim: Georg Jacob, 1923, p. 10.

45) 두행숙, "괴테의 작품 속에 조명된 독일의 '천재' 사상에 대한 새로운 해석 모색", p. 149 재인용. 강조는 필자에 의함.

46) K. Pfeiffer, Von Mozarts göttlichem Genius: Eine Kunstbetrachtung auf der Grundlage der Schopenhauerschen Philosophie, Verlag Walter de Gruyter & Co., 1941, p. 1.

47) p. Kivy(이화신 역), 『천재. 사로잡힌 자, 사로잡은 자』, 쌤앤파커스, 2010, p. 249.

48) M. Solomon(김병화 역), 『루트비히 판 베토벤 1』, 한길아트, 2006, p. 307.

49) W. Rauschenberger, 위의 책, p. 11.

50) T. W. Adorno(방대원 역), 『미적이론』, 이론과실천, 1991, p. 269.

51) 조우석, 굿바이 클래식: 조우석의 인문학으로 읽는 클래식 음악 이야기, 동아시아, 2008, p. 127.

52) N. Elias(박미애 역), 모차르트, 문학동네, 1999, p. 79.

53) p. Schaffer, Amadeus(신정옥 역), 『아마데우스』, 파주: 범우사, 2010, pp. 65-66.

2부 음악에는 철학이 있다

1) A. Schopenhauer(곽복록 역), 『의지와 표상으로서의 세계』, 을유문화사, 1995(제2판), p. 242-243. 이하 'WV'로 축약.

2) Th. Mann(임홍배 · 박병덕 역), 『파우스트 박사 1』, 민음사, 2010, p. 155.

3) DVD "What the Universe Tells Me. Unraveling the Mysteries of Mahler's Third Symphony", Video Artists Internatinal.

4) DVD "What the Universe Tells Me. Unraveling the Mysteries of Mahler's Third Symphony", Video Artists Internatinal.

5) 쇼펜하우어 철학에서 중요한 개념인 Idee는 한국어로 '이념', '이데아', '아이디어' 등으로 번역되었다. 여기서는 가장 일반적으로 사용되는 개념인

'이념'을 사용하였다.

6) G. Zöller, "Schopenhauer", Musik in der duetschen Philosophie, J.B. Metzler, 2003, p. 105.
7) G. Zöller, 위의 글, p. 102f.
8) W. D. Bowman, Philosophical Perspectives on Music, Oxford University Press, 1998, p. 123.
9) A. Schoperhauer, Sämtliche Werke, A. Hübscher, W. Kramer(ed.), Bd. 3, p. 514, G. Zöller, 위의 글, p. 106 재인용.
10) G. Zöller, 위의 글, p. 106.
11) E. Fubini, Geschichte der Ästhetik, Metzler, 2007, p. 220.
12) 정해선, "니체의 『차라투스트라는 이렇게 말했다』에 대한 R. 슈트라우스의 음악적 재해석, 『음악 연구』, 2013, pp. 36-64.
13) 정동호·이진우·김정현·백승영(편), 『니체 전집』, 전 21권, 책세상, 2005. 이 전집을 인용할 경우 괄호 안에 각 권의 번호, 제목 및 페이지를 표시하였다. 본 논문에서 인용된 번역본은 다음과 같다: Bd. 2 『비극의 탄생/반시대적 고찰』(이진우 역), Bd. 4 『유고(1869년 가을-1872년 가을)』(최상욱 역), Bd. 6 『바이로이트의 리하르트 바그너/유고(1875년 초-1876년 봄)』(최문규 역), Bd. 7, 8 『인간적인 너무나 인간적인 I, II』(김미기 역), Bd. 15 『바그너의 경우/우상의 황혼/안티크리스트/이 사람을 보라/디오니소스 송가/니체 대 바그너』(백승영 역) 등.
14) 밀란 쿤데라, 『참을 수 없는 존재의 가벼움』, 민음사, 2011, p. 114.
15) Wen-Tsien Hong, Fr. Nietzsche und die Musik im Spiegel der Kompositions- und Geistesgeschichte des 19. Jh., Peter Lang: Frankfurts a. M., 2004, p. 121.
16) 백승영, 『니체, 디오니소스적 긍정의 철학』, 책세상, 2005, p. 637.
17) 강영계, 『니체와 예술: 한 천재 철학자의 광기와 진리』, 한길사, 2000, p. 84.
18) B. Magee(김병화 역), 『트리스탄 코드』, 심산문화(심산), 2005, p. 524.
19) S. L. Sorgner, "Nietzsche", Musik in der deutschen Philosophie, J.B. Metzler, 2003, p. 125.
20) C. Dahlhaus, "Nietzsche 1876", Klasssische und romantische Musikästhetik, Laaber 1988, p. 481.
21) 백승영, 위의 책, p. 656 이하.
22) G. Deleuze(신범순·조영복 역), 『니체, 철학의 주사위』, 도서출판 인간사랑, 1993, p. 46.

23) Th. W. Adorno(방대원 역), 『신음악의 철학』, 도서출판 까치, 1986, p. 43.

24) 이 작품에 대해서는 다음을 참조하라. 오희숙, 『달에 홀린 피에로』, 파주: 음악세계, 2009.

25) 홍정수 · 오희숙, 『아도르노 달하우스 크나이프 다누저 – 20세기 음악미학 이론』, 심설당, 2002. 이 책에서 아도르노 부분은 홍정수가 집필하였다(이하 홍정수, "아도르노"로 표시). (GS 16, 11) 홍정수, "아도르노", p. 69 재인용.

26) R. Klein(ed.), Mit den Ohren denken: Adornos Philosophie der Musik, Suhrkamp, Frankfurt a. M., 1998.

27) Th. W. Adorno, Gesammelte Schriften, R. Tiedemann(ed.), Surkamp, Frankfurt a. M. 1970. 이 책에서는 아도르노의 저술을 전집(Gesammt Ausgabe)을 중심으로 인용하였고, 'GS'로 축약하였다. 쪽수는 한국어 번역이 있는 경우 번역서 제목을 축약으로 표시하고 번역서의 쪽수를 제시하였고, 그 외는 주르캄프 출판사의 전집 쪽수를 제시하였다. 번역서: Th. W. Adorno(방대원 역), 『신음악의 철학』, 도서출판 까치, 1986: Th. W. Adorno(권혁면 역), 『음악사회학』, 문학과비평사, 1988: Th. W. Adorno(이정하 역), 『말러: 음악적 인상학』, 책세상, 2004: M. Paddison(최유준 역), 『아도르노의 음악미학』, 세종출판사, 2003.

28) Th. W. Adorno, Prismen(1955), Suhrkamp, Frankfurt a. M. 1976, pp. 28-29.

29) M. Paddison(최유준 역), 『아도르노의 음악미학』, 세종출판사, 2003, pp. 373-374.

30) 김방현, "아도르노의 음악사 재구성에 관한 연구", 서울대학교 대학원 협동 과정 음악학과 서양음악학전공 박사 학위 논문, 1999, p. 57.

31) Th. W. Adorno, Der getreue Korrepetitor. Lehrschriften zur musikalischen Praxis(=Gesammelte Schriften Band 15), Suhrkamp: Frankfurt a.M. 1976(여기서는 이 책을 'GS 15'로 축약).

32) 이 부분에 대해서는 필자의 논문을 참조하였다. 오희숙, "진정한 연주란 무엇인가?-아도르노의 해석 이론에 대한 소고", 미학, 2013, Vol. 73. pp. 107-145.

33) Th. W. Adorno, Zu einer Theorie der musikalischen Reproduktion(=Nachgelassene Schriften. Abteilung I: Fragment gebliebene Schriften Band 2), Suhrkamp: Frankfurt a.M. 2001, p. 9(이하 'NS'로 축약).

34) Th. W. Adorno, "Zum Problem der musikalischen Analyse"(1969), Frankfurter Adorno Blätter VII, Wallenstein Verlag: Göttingen 2001, p.

74. 이 원고의 한국어 번역: 이건용 역, 「음악 분석의 문제들」, 이강숙 편, 『음악과 지식』, 민음사, 1990, pp. 337-359(여기서는 한국어 번역을 수정 · 보완하여 인용하였고, 이하 'Analyse'로 축약).

3부 음악은 결국 사회를 품는다

1) 정희진, "김혜진의 너라는 생활, 추천글", 문학동네, 2020.
2) 이 부분은 다음을 참조하였다: G. Schuhmacher, "Widerspiegelungstheorie", Ästhetik, Musikästhetik, Darmstadt 1973, p. 18f: Peter Demetz, Marx, Engels and the Poets, Chicago, 1967; B. Kiralyfalvi(김태정 역), 『루카치 미학 연구』, 이론과실천, 1984: 이주영, 『루카치 미학 연구』, 서광사, 1998.
3) G. Lukécs, Müvészet és társadalom, p. 13: B. Kiralyfalvi(김태정 역), 『루카치 미학 연구』, p. 70 재인용.
4) G. Lukécs, Müvészet és társadalom, p. 125: B. Kiralyfalvi(김태정 역), 『루카치 미학 연구』, p. 73 재인용.
5) G. Kjács(임홍배 역), 『미학』 II, 미술문화, 2000, p. 306.
6) G. Kjács(임홍배 역), 『미학』 III, p. 122.
7) G. Kjács(임홍배 역), 『미학』 III, p. 125.
8) C. Dahlhaus(오희숙 역), 『음악적 리얼리즘』, 예솔, 1994, p. 148.
9) Arthur Seidl, Neuzeitliche Tondichter und zeitgenössische Tonkünstler, Bd. I(Regensburg, 1926), pp. 61-62; C. Dahlhaus, 위의 책 P.117 참조.
10) 이러한 합창의 효과는 멘델스존과 부조니의 미학에서도 중요하다. 멘델스존은 "열정적인 표현을 위해서는 큰 규모이면서 힘을 상징하는 음악적 표현이 뒤따라야 한다"라고 주장하였고, 부조니는 "청중의 입장에서 군중은 그들의 일상생활에서 접할 수 없는 힘 있는 감정을 보기 원한다"라고 하면서 사회적 상징으로서도 합창의 음악적 표현에 주목하였다.
11) 윤이상 외, 『상처 입은 용: 윤이상 · 루이제 린저의 대화』, 서울: 랜덤하우스중앙, 2005, p. 154.
12) 친구 귄터 프로이덴베르크(Günther Freudenberg)는 항의 성명을 발표했고, 피아니스트 클라우디오 아라우(Claudio Arrau)는 항의 의지의 표명으로 서울 연주회를 거절했으며, 베를린 시장도 항의성 서한을 한국으로 보냈다. 또한 카라얀(Herbert v. Karajan), 슈토크하우젠(Karlheinz Stockhausen), 헨체(Hans W. Henze), 리게티(György Ligeti), 클렘퍼러(Otto Klemperer) 등 음악가 181명의 서명서가 정부에 제출되었다. 독일과 미국 등 여러 언론에도 이 사건이 다루

어지고, 서독 정부는 외교적 압력도 행사했으며 또 옥중에서 작곡한 〈나비의 미망인〉이 독일에서 초연되면서 큰 호평을 받기도 하였다.

13) W. Rhim, "Verständlichkeit und Popularität - künstlerische Ziele?"(1980), Ausgesprochen: Schriften und Gespräche. Bd. 1, U. Mosch(ed.), Winterhur, 1997, p. 96.

14) L. Fiedler, "Cross the Bordewr - Close the Gap": W. Welsch, Unsere postmoderne Moderne, p. 15 재인용.

15) H. R. Jauß, Ästhetische Erfarhung und literarische Hermeneutik, Suhrkamp, Frankfurt 1982, p. 71: H. Danuser, "Postmodernes Musikdenken - Lösung oder Flucht?", Neue Musik im politischen Wandel, p. 62 재인용.

16) H. Danuser, Von Komposition zu Sound Design, von Sound Design zu Komposition, 대한민국예술원 60주년 기념 학술 세미나 강연문. 2014년 9월 15일.

17) 이 부분은 다음을 참고하였다. 원유선, "디지털 컨버전스 음악 연구 - 21세기 디지털 테크놀로지에 따른 음악의 탈경계적 양상과 미학을 중심으로", 2019 서울대학교 음악학 박사 논문.

18) 가브리엘 프로코피예프, 〈베토벤 9번의 교향적 리믹스〉 프로그램 노트: 원유선, 위의 논문, p. 123 재인용.

19) 원유선, 위의 논문, p. 228.

20) H. Lehmann, Die digitale Revolution der Musik. Eine Muikphilosophie, Schott: Mainz, Wolke Verkag: Hofheim, 2012, pp. 77-81.

21) 원유선, "들리는 음악에서 들리지 않는 음악으로: 21세기 디지털 테크놀로지와 개념음악에 관한 소고", 『서양음악학』 23, 1, 2020, p. 114.

22) 이 작품에 대해서는 다음을 참조하였다. 원유선, "들리는 음악에서 들리지 않는 음악으로: 21세기 디지털 테크놀로지와 개념음악에 관한 소고", 『서양음악학』 23, 1, 2020, p. 126-127.

23) 원유선, 위의 논문, pp. 127.

24) 그의 사상은 피타고라스를 중심으로 형성된 학문 공동체에서 논의되어 구전으로 전해지고 있으며, 피타고라스의 사상은 이 학파가 함께 공유한 사상으로 이해된다. 서인정, "피타고라스의 우주의 음악론", 『미학 예술학 연구』, 18권, 2003, p. 108.

25) 김춘미, 『음악학의 시원』, 음악춘추사, 1997, p. 34 이하 참조.

26) J. Strohmeier(류영훈 역), 『인류 최초의 지식 인간 피타고라스를 말하다』,

퉁크, 2005, p. 80.

27) Ch. Ziermann, "Musik und Metaphysik in der griechischen Antike", H. de la Motte-Haber(ed.), Musikästhetik, Laaber 2004, p. 63.

28) Boethius, Fundamentals of Musik, tras. Calvin M. Bower(New Haven: Yale University Press, 1989), pp. 17-19: 김연, 『음악 이론의 역사』, 심설당, 2006, p. 41 재인용.

29) Aristoteles(de Caelo, 290b, 12): Ch. Ziermann, "Musik und Metaphysik in der Greichischen Antike", p. 66 재인용.

30) Platon, Staat, 616 b1-617 d1: Ch. Ziermann, "Musik und Metaphysik in der Greichischen Antike", p. 66 재인용.

31) H. H. Eggebrecht(오희숙 역), "미적의미(Bedeuten)와 상징적 표출의미(Meinen)", 『음악과 민족』 제7호, 1994, p. 310.

32) 장우형, "게마트리아", 『음악과 민족』 제54호, 2017, pp. 275-283.

33) D. R. Hofstadter(박 여성 역), 『괴델, 에셔, 바흐: 영원한 황금 노끈』 상/하, 까치글방, 1999.

34) E. Hanslick(이미경 역), 『음악적 아름다움에 대하여』, 책세상, 2004, p. 87.

35) AIVA - The AI composing emotional soundtrack musichttps://www.aiva.ai(2021년 5월 1일 접속).

36) (https://www.youtube.com/watch?v=Emidxpkyk6o(2021년 1월 22일 접속).

37) D. Cope, Computer Models of Musical Creativity, Cambridge 2006, p. 89.

38) 이 장은 다음을 참조하였다. 오희숙, 상호문화성으로 보는 한국의 현대음악, 민속원, 2020.

39) 박인철, 현상학과 상호문화성, 파주: 아카넷, 2015, p. 59.

40) 이희경, 『작곡가 강석희와의 대화』(서울: 예솔, 2004), p. 252.

41) 이희경, 『작곡가 강석희와의 대화』, p. 252.

42) 강석희, "한국 작곡계는 어디로 갈 것인가?"(2004년 10월 2일 서울대에서 열린 70세 음악회 기념 강연 내용). 이희경, 『작곡가 강석희와의 대화』, p. 258 재인용.

43) "아리랑 TV Hear to Heart 인터뷰 2018, Ep. 61"
https://www.youtube.com/watch?v=FpBpYdgi2j(2020년 2월 28일 접속).

44) 김택수, 〈국민학교 판타지〉 작곡가 노트.

45) "오늘의 음악을 소개합니다. 김택수 편",
https://www.youtube.com/watch?v=sVEkbH4-CPU(2020년 1월 30일 접속).

46) "오늘의 음악을 소개합니다. 김택수 편", 위의 사이트.

KI신서9906
음악이 멈춘 순간 진짜 음악이 시작된다

1판 1쇄 인쇄 2021년 9월 7일
1판 5쇄 발행 2024년 6월 7일

지은이 오희숙
펴낸이 김영곤
펴낸곳 ㈜북이십일 21세기북스

서가명강팀장 강지은 **서가명강팀** 박강민 서윤아
디자인 THIS-COVER
출판마케팅영업본부장 한충희
마케팅2팀 나은경 정유진 백다희 이민재
출판영업팀 최명열 김다운 김도연 권채영
제작팀 이영민 권경민

출판등록 2000년 5월 6일 제406-2003-061호
주소 (10881)경기도 파주시 회동길 201(문발동)
대표전화 031-955-2100 **팩스** 031-955-2151 **이메일** book21@book21.co.kr

ISBN 978-89-509-9749-6 04300
978-89-509-7942-3 (세트)